Maren Partzsch | Christine Paxmann

Kraftquelle Garten

Gärtnern mit allen Sinnen

blv

Inhalt

Einführung 7
Phänomen Garten – Die unstillbare
Sehnsucht nach dem Paradies 8

Den Garten sehen –
visuelle Erlebniswelt 15
Die Macht der Farbe 16
Gartendesign fürs Auge 18
Bauern- und Cottagegärten 20
Inspiration 22
Neue Kraft »durch die Blume« 24
Grün für Körper und Geist 26
Japanische Gartenkunst 28
Raum zum Kennenlernen 30
Den Lauf der Natur planerisch nutzen 32
Grün sehen 34

Den Garten hören –
auditive Erlebniswelt 37
Den Akku aufladen durch
Naturgeräusche 38
Der tönende Garten 40
Im Naturgarten 42
Idylle fürs Ohr 44
Aktives Hören 46
Dezente Geräusche fürs innere
Gleichgewicht 48
Den Tieren helfen und sich selbst 50
Gespräche im Grünen 52
Grünes klingen lassen 54
Gartentöne 56

Den Garten riechen –
olfaktorische Erlebniswelt 59
Gerüche wecken Emotionen 60
Der Ursprung der Aromatherapie 62
Mediterraner Duftgarten 64
Aromagarten 66

Aromatherapie und einigendes Räuchern 68
Duftende Kräutertees 70
Harmonie des Duftgartens 72
Die Chemie muss stimmen 74
Der Lieblingsduft aus dem eigenen Garten 76
Duftfarben! 78

Den Garten schmecken –
gustatorische Erlebniswelt 81
Wissen wo's wächst 82
Kloster- und Bauerngärten 84
Der Nutzgarten 86
Schmeckt! 88
Von der Hand in den Mund 90
Gesundheit zum Genießen 92
Schmecke deinen Garten mit allen Sinnen 94
Draußen essen 96
Die Fülle des Gartens verarbeiten 98
Geschmack! 100

Den Garten fühlen –
haptische Erlebniswelt 103
Kraft durch Tasten und Fühlen 104
Berührgärten – wer tut hier wem gut? 106
Garten der Vielfalt 108
Zum Greifen 110
Sich selbst spüren im Grünen 112
Die Kneipp'schen Methoden 114
Tastend sehen, riechend schmecken 116
Wege zu dir und mir 118
Gartenarbeit – pure Haptik 120
Haptik 122

Literatur und Quellen 124

Stichwortverzeichnis 125

Einführung

Gärten sind Kunst, Therapeutikum, Versorgungsstation und Energiequelle – und sie schenken uns Geduld, Gesundheit, Schönheit und Inspiration.

Phänomen Garten

Die unstillbare Sehnsucht nach dem Paradies

Denkt man ans Paradies, denkt man in europäischen und auch anderen Kulturen unweigerlich an einen Garten. Zwischen Apfelbäumen wandelten die Kelten in Avalon oder die Griechen im Garten der Hesperiden. Süße Früchte und kühle Bäche verspricht das Paradies im Islam. Garten als Verheißung von Glück, Ruhe und Seelenfrieden. Wer würde sich in unserer heutigen, immer schnelllebigeren Welt nicht danach sehnen. Denn unsere Welt ist laut geworden, grell und fordernd. Man soll zu jeder Zeit erreichbar sein, umgehend antworten, sofort reagieren, alles können, alles wissen, niemals müde werden. Immer mehr Menschen müssen sich durch einen solchen Alltag kämpfen. Von paradiesischen Zustände sind wir weit entfernt.

Nutzen und Schönheit

In der Jungsteinzeit, vor etwa 12 000 Jahren, als die Menschen sesshaft wurden, gaben sie ihr mobiles Leben als Jäger, Fischer und Sammler auf und legten die ersten Gärten an, begannen Ackerbau und Viehzucht zu betreiben. Gartengeschichte dokumentiert aber quellenbedingt leider fast nur herrschaftliche Gärten, wie etwa die Hängenden Gärten der Semiramis in Babylon oder die Gärten der Renaissance oder des Barock. Auch Asien hat eine weit zurückreichende Gartentradition. Oft sind es Gemälde, die uns einen Eindruck überliefern, wie Gärten – ob zum Lustwandeln oder für die Selbstversorgung – früher aussahen.

Im Jahr 1527 schrieb Martin Luther einem Freund: „Wenn ich am Leben bleibe, will ich Gärtner werden", nachdem er während seiner ersten beiden Ehejahre gemeinsam mit seiner Frau Katharina den verwilderten Garten des Wittenberger Klosters neu angelegt hatte. Waren beide doch mit Gärten

und Landwirtschaft groß geworden und kannten aus ihrer Zeit als Nonne beziehungsweise Mönch auch die Klostergärten von Nimbschen und Erfurt. Gerade Pfarr- und Klostergärten dienten neben der Selbstversorgung immer auch der Erbauung. Sie spiegelten die religiösen, medizinischen, ästhetischen und magischen Vorstellungen ihrer Bewohner wider. Manche Menschen suchen noch heute in Klostergärten nach Erholung vom stressigen Beruf, privaten Sorgenzeiten oder wünschen sich für eine Weile innere Ruhe zwischen Kräutern, Buchshecken, Blumen und Gemüse. Denn der Wunsch, für ein paar Tage von der Außenwelt abgeschirmt zu sein und wieder ganz zu sich selbst zu finden, weckt zugleich die Sehnsucht nach einem kleinen Paradies im Grünen.

Naturnaher Erholungsraum

Für so manchen Städter ist der Stadtpark oder die Grünanlage am Eck dies kleine Paradies, wo man die Kinder spielen lassen kann, beim Feierabend- oder Wochenend-Spaziergang den Jahreszeitenwechsel in den Rabatten beobachtet, oder wo man sich bei schönem Wetter auf der Wiese auf die ausgebreitete Decke legt und den Wolken dabei zuschaut, wie sie geschäftig über den Himmeln ziehen, während man selbst mal ausgiebig nichts tut. Wer einen Schrebergarten sein eigen nennt, findet Erholung zwischen selbst gezogenen Blumen und Gemüse, baut Stress ab, indem er anbaut. Blumen in allen Farben, Obst und Gemüse in unterschiedlichsten Formen und Geschmacksrichtungen, umschwirrt von Schmetterlingen und Bienen, über allem zwitschern die Vögel. Diese vielfältigen Anregungen für alle Sinne sind von hoher Wichtigkeit, denn sie verbessern die Lebensqualität unmittelbar und spürbar. Da sich Menschen seit Millionen von Jahren in und mit ihrer natürlichen Umwelt entwickeln, wissen wir intuitiv, dass uns der Aufenthalt in der Natur guttun wird. Naturnah gestaltete Räume in Parks und Gärten weisen wie die Natur selbst einen Reichtum an Pflanzen und anderen natürlichen Elementen auf. Es ist wissenschaftlich bewiesen, dass Menschen im emotionalen Bereich automatisch positiv auf solch natürliche Umgebungen reagieren, und dass nicht nur die Möglichkeit, sich in einem Garten oder Park aufzuhalten, sondern auch die Häufigkeit, mit der man dies tut, in direkter Beziehung zur präventiven Wirkung gegen Stress steht. Studien, wie die von Ulrika Stigsdottir und Patrick Grahn an der schwedischen Universität für Agricultural Studies SLU, zeigen darüber hinaus, dass das Ausmaß der Naturbelassenheit

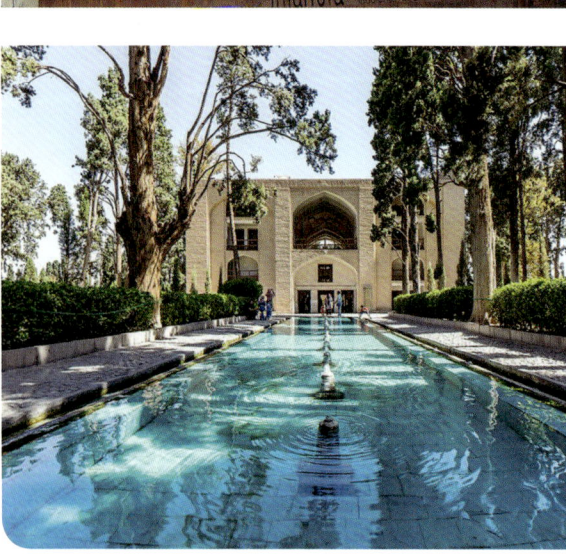

Von oben links im Uhrzeigersinn: Ob Cottagegarten, oder ein wasserzentrierter Italienischer Garten, ob barocke Labyrinthgärten oder buddhistische Energiegärten, orientalische Wassergärten oder stylishes Vertical Gardening – Gärten sind so unterschiedlich wie ihre Gestalter und die Wirkung, die sie auf uns haben. doch eines haben alle gemein: Sie tun uns gut. Seit wir die Natur kultiviert haben, sehnen wir uns nach grünen Bildern vor unserer Haustür.

eines Gartens von hoher Bedeutung für seine restaurative Qualität ist. Denn auch physiologisch reagiert der menschliche Körper unwillkürlich auf natürliche Elemente in seiner Umgebung, während Künstliches wie Häuser und Straßen nicht dieselbe schnelle und intensive Reaktion hervorrufen. Naturnah gestaltete Gärten und Parkanlagen sind wichtige Gesundheitsfaktoren. Denn selbst einen Garten zu besitzen oder die Möglichkeit einen Garten in unmittelbarer Nähe zur Wohnung zu besuchen, hat einen signifikant positiven Einfluss auf Stress.

Der amerikanische Schriftsteller Henry David Thoreau schrieb: „Die Natur ist der einzige Ort, der uns zu nichts zwingt." Sie ist wohltuend. Sie ist Kraftquelle im Alltag. Zurück-zur-Natur-Bewegungen gab es immer wieder, doch die aktuelle Urban-Gardening-Bewegung beschreitet einen gegenläufigen Weg, indem sie über das ökologische Gärtnern mit einfachsten Mitteln Räume in der Stadt für die Natur zurückerobert, in unmittelbarer Nähe zum eigenen Wohnen. Nicht die Stadt verlassen und aufs Land gehen, sondern bleiben und die Natur durch aktives eigenes Tun revitalisieren, beschreibt es die Soziologin Christa Müller. Einzelpersonen oder Initiativen verwandeln dabei Brachflächen, Parkgaragendächer und andere vernachlässigte Orte in grüne, lebensfreundliche Umgebungen, die Erholung bieten. Mobile Gemeinschaftsgärten entstehen, die Raum und Formen für die Begegnung von Menschen unterschiedlicher sozialer und kultureller Herkünfte miteinander und mit der Natur bieten. Neue Trends im Gartenbau wie die Begrünung von Wänden und Häusern mit Vertical Gardens oder das aus Japan zu uns rüberwachsende Indoor Farming zeigen das menschliche Bestreben, der Natur wieder Raum zu geben. Ein Sprichwort sagt: Wenn du das Glück suchst, gehe in einen Garten und arbeite. So ist Lazy gardening für Stressgeplagte der Schritt in die richtige Richtung, denn nichts ist erholsamer als regelmäßiges Grüntanken in einem naturbelassenen Garten.

Bunte Wiesenblumen stehen im hohen Gras und wiegen sich zart rauschend im Wind, der ihren Duft zur Sitzgruppe herüberträgt. Der Blick schweift über Himbeerranken und Tomatenpflanzen, die eine leckere Ernte verheißen. Bei einem Rundgang kann man die Finger über die urig rauen Borken der Bäume streichen lassen. Eine Amsel badet munter plätschernd im Überlauf der Regentonne. Die Natur im Garten mit allen Sinnen in sich aufnehmen. Zeit neu erleben. Vögel und Blumen messen sie mit anderem Maß. Im Garten bestimmen sie die Zeit, verführen zur Geduld, helfen runterzufahren.

Den Garten sehen – visuelle Erlebniswelt

Pflanzen senden optische Reize, die uns guttun. Ihre Farben und Formen sind eine kostenlose Medizin, die über die Augen aufgenommen werden kann.

Die Macht der Farbe

Wie viel Garten braucht der Mensch? Während Gärten früher eine wichtige Quelle zur alltäglichen Nahrungsmittelversorgung waren, entdecken wir sie heute als kraftspendende Orte neu. Ihr Grün umfängt uns beruhigend, ihre Farber beleben. Der Anblick üppiger Natur ist Kraftquelle pur. Doch auch ein gewisser Minimalismus kann eine angenehme Balance zur Überfülle des Alltags schaffen.

Wie Farben wirken

Jeder Mensch hat ganz eigene Gartenvorstellungen und -bedürfnisse. Während der eine den Feierabend im Schrebergarten mit Gemüseanzucht verbringt, mag der Andere nur abschalten, sich die Füße vertreten, den Blick über Blumenbeete oder Baumwipfel und Wiesen streifen und die Farben der Natur auf sich wirken lassen. Denn die Farben eines Gartens gehören zu seinen wirkungsvollsten Elementen, sie prägen seine Atmosphäre und beeinflussen die Stimmung des Betrachters. Kühle Farben wie Hellgelb, Hellblau oder zartes Rosa, sowie warme oder neutrale Farben vermitteln Ruhe und Gelassenheit. Besonders beruhigend ist zartes Grün. Orange, Gelb und Rot sind leuchtende, intensive Farben, die belebend und anregend wirken. Zwischen weiß Blühendem oder Stauden mit silbergrauen Blättern erstrahlen sie förmlich, ohne unruhig zu erscheinen. Weiß bildet einen dezenten Rahmen, in dem jede andere Farbe wunderbar zum Leuchten gebracht wird.

Farbtherapie im Garten

Jede Farbe hat durch ihre Wellenlänge und Energie eine ganz eigene Wirkung auf unsere Psyche und unseren Körper. In der Farbtherapie macht sich die Medizin dies zu eigen, doch bereits bei einem Spaziergang durch einen Garten können die Farben der Natur einen Hightech-Menschen quasi renaturieren. Ruhige Brauntöne erden uns, wirken gegen Gleichgewichtsstörungen. Violett unterstützt die Konzentration, Blau bringt Frieden und fördert die Intuition.

»Laute« und »leise« Farbkombinationen

Bunte Pflanzungen haben eine überaus belebende Wirkung. Harmonisch wirkt eine Kombination aus im Farbkreis benachbarten Farben wie etwa von Blau über Lila bis Pink oder von Rot über Orange bis Gelb. Komplementäre Farben, die sich im Farbkreis gegenüberliegen, wie Gelb und Violett, wirken »laut« aber auch vollständig, da sie sich ergänzen. Solche Kombinationen sollten mit Bedacht gepflanzt werden. Etwas abmildernd wirken Pastelltöne. Monochrome Pflanzungen sind angenehm ruhige Inseln, in denen die unterschiedlichen Schattierungen einer Farbe das Auge des Betrachters locken. Aber ähnlich wie ein Block aus kunterbunten Sommerblumen zu viel des Guten ist, wirkt eine monochrome Pflanzung in großem Maßstab öde.

Gartendesign fürs Auge

Bis weit ins Mittelalter waren Gärten entweder Heil- oder Nutzgärten. Der Benediktiner Walahfrid von Strabo (808 – 849) verfasste mit dem »Horticulus« ein erstes Meisterwerk der Gartenbotanik, die Benediktinerin Hildegard von Bingen (1098 – 1179) gilt bis heute als visionäre Phytomedizinerin. Gärten, die für das Auge gestaltet waren, kamen erst mit der Renaissance auf.

Gärten der Verblüffung

Die ersten Renaissancegärten entstanden in Italien. Die meist adeligen Bauherren ließen sich von antiken Vorbildern leiten, von Ovids Gartenlyrik oder den Gärten von Lucull oder gar Julius Caesar, die literarisch überliefert sind. Der Garten wurde zum Ausdruck des erweiterten Blicks, über Mauern hinweg, in die Weite hinaus. Vor allem strebten die Gartenbauer der Renaissance ein Gleichgewicht von Natur und Architektur an. Der Geist und der Kunstsinn sollten in einem Garten Platz zur Entfaltung haben und dem Menschen ermöglichen »er selbst zu sein«. Diesen zutiefst humanistischen Gedanken haben wir uns bis heute bewahrt. Er kennzeichnet, was wir uns von einem Garten über seinen Nutzen und seine Schönheit hinweg versprechen, eine geradezu paradiesische Bewusstseinserweiterung. Was könnte sich dazu mehr eignen als die Optik eines Gartens. Die Gartenarchitekten der Renaissance nahmen die Geometrie zur Hilfe. Ordnung versus natürliches Chaos, oder gelungene Gartenstruktur, die die Gedanken ordnete. Lineare Pflanzmuster wurden unterbrochen durch naturnahe Inszenierungen oder gar Störer wie groteske Skulpturen zum Beispiel im Garten von Bomarzo.

Überspitzt haben es später noch die Baumeister des Barock, die mit Sichtachsen und Points de Vue den Blick auf weit Entferntes lenkten. Hier hatte sich sämtliche Botanik der Architektur unterzuordnen. Der freie Blick der Renaissance wurde zurückgedrängt und das Zentralmotiv dem Betrachter aufgedrängt. Wenn wir heute die Kraft einer Anlage auf uns wirken lassen, dann tragen wir viel historisches Wissen in uns und können frei entscheiden, welche Form uns individuell guttut.

Themen inszenieren – optische Highlights setzen

Steinhaltig

Vielleicht ein bisschen Zen-Garten? Ein kleines Rondell mit hellen Flusskieseln erzielt bereits einen Beruhigungseffekt. Oder die Urkraft der Steine spüren? Dann setzen Sie sich einen Findling als Landmarke in den Garten.

Lustgarten

Der Anblick eines üppigen Gartens öffnet das Herz und lockert die Zunge. Nicht wenige Heiratsanträge sind im Garten gemacht worden. Herzens-Elemente können z. B. eine Weinlaube, ein mediterraner Patio oder ein Wasserspiel sein.

Vielfalt

Dem einen mag ein naturnaher Garten mit vegetativer Unordnung gefallen, der andere liebt die Ruhe eines Stein- und Kiesgartens, der dritte bekommt Kraft durch die Aura meditativer Gärten, nie hatten wir mehr Auswahl an optischer Inspiration.

Bauern- und Cottagegärten

Blütenmeere, saftiges Obst und Gemüse sind pure Lebenskraft. Die Vielfalt an Farben und Formen eines Bauerngartens verbreitet ansteckende Lebensfreude. Seine Fülle kann Antwort auf die Sehnsucht nach dem Einfachen sein.

Schmetterlinge anlocken

- Mit einer insektenfreundlichen Bepflanzung lassen sich Tag- und Nachtfalter in Gärten und Parks locken und vermehren. Je naturnäher, umso mehr Schmetterlinge wird man sehen.
- Raupen brauchen Brennnesseln, Disteln oder Ampfer, ausgewachsene Falter heimische Wildblumen und Kräuter, die ausreichend Nektar und Pollen bieten. Zuchtpflanzen mit gefüllten Blüten liefern meist keine ausreichende Nahrung.
- Pflanzen wie Geißblatt oder die Flammenblume haben sich auf nächtliche Besucher wie das Kleine Nachtpfauenauge oder das Taubenschwänzchen, das im Schwirrflug Nektar saugt, spezialisiert und locken sie mit intensivem Duft.

Die Vielfalt der Natur offenbart sich im Bauerngarten

In Bauerngärten sind Überfluss und Fülle unübersehbares Zeichen der Kraft der Natur. Ringelblumen und Wicken stecken ihre Köpfe durch den Zaun und laden zu einem Blick über eben diesen ein. Zwischen hübsch gestutzten Buchshecken wachsen unterschiedlichste Gemüse und Kräuter, am liebsten in Mischkultur. Da steht das glatte, aufrechte Röhrenblatt der Zwiebel neben dem feingefiederten Grün der Karotte. Feuerbohnen ranken sich an Haselstockgittern dem blauen Himmel entgegen. Grüne und weiße Buschbohnen kuscheln mit Rettich und zartgrünem Kohlrabi. Gelbgrüne Dillblütendolden auf schlanken Stängeln erheben sich luftig über Kohlköpfe. Neben den mächtigen Blättern der Zucchinipflanze wirken die glänzend grünen Blätter der Pastinaken fast zier-

lich. Haben die Kräuter ein eigenes Beet, ist dies vielleicht eine sich
sanft emporwindende Spirale, auf deren höchstem Punkt die sonnen-
hungrigsten thronen. Zerreibt man die Nadeln des Rosmarins oder
die kleinen Blätter des Thymians zwischen den Fingern, entfaltet sich
zum optischen Genuss ein überwältigendes Dufterlebnis, das einem
das Wasser im Mund zusammenlaufen lässt. Glatt- und krausblättrige
Petersilie warten nahe der Küchentür am Rand eines Staudenbeetes,
das Schnittlauchpflanzen mit ihren violetten Blütenpuscheln zum Weg
hin umranden.

Katzenminze und Rosen stehen einträchtig beieinander, führen zurück an den Zaun, an dem entlang sich einjährige Sommerblumen
wie Zinnien und Löwenmäulchen, hochaufragende Stauden wie Flammenblume, Rittersporn und Fingerhut sowie niedriges Steinkraut und
Blaukissen munter bunt ergänzen. Rechts und links des Gartentores
neigen Sonnenblumen ihre Köpfe zum Gruß.

Cottagegärten

Englische Cottagegärten wirken zwar zwischen den niedrigen Hecken
und Beeteinfassungen gern etwas zugewuchert, beeindrucken aber
mit ihrer ruhigen Ausstrahlung. Auch hier vermitteln Pflanzen in unterschiedlichen Farben und Formen ein Gefühl von Idylle, Gemütlichkeit
und Romantik. Nicht fehlen dürfen natürlich auch nostalgische Elemente wie Gießkannen aus Zink oder hölzerne Schubkarren, um sich ganz
dem Genuss der Beobachtung hinzugeben.

Inspiration

»Sich im Grün verlieren« ist eine Vorstellung der Romantik. Clemens Brentano de La Roche, Joseph von Eichendorff, Achim von Arnim, Georg Philipp Friedrich von Hardenberg, besser bekannt als Novalis, sie alle hegten eine poetische Gartenleidenschaft, die gespeist wurde durch eine intellektuelle Naturverehrung. Natur war Liebe, Seelenausdruck und Sehnsucht in einem. Man kann sich mit ihrer Dichtung heute noch der romantischen Idee des Gartens nähern. Oder einfach einen öffentlichen Garten besuchen, wie den Rosengarten im oberbayerischen Trostberg.

Neue Kraft »durch die Blume«

Gesunde Pflanzen in natürlicher Umgebung strotzen vor Energie, die uns helfen kann, negativen Stress zu neutralisieren oder loszuwerden. Sie wirken unterstützend bei Regeneration und Genesung. Oftmals geben alte Pflanzensymboliken Hinweise auf ihre Wirkungsweise.

Vielsagende Pflanzen

- Efeu produziert einen positiven Energiefluss, der nach Feng Shui Glück und Reichtum anzieht. Vor scharfe Ecken oder Winkel gepflanzt, wirkt er gegen negative Gedanken.
- Chrysanthemen in Bereichen, in denen Spannungen entstehen könnten, vermitteln Ruhe.
- Tulpen symbolisieren Lebenskraft, eine nach oben strebende Energie.
- Das zierliche Vergissmeinnicht breitet sich zu zartblau blühenden Teppichen aus. Als kleines Handsträußchen gepflückt, ist es ein vielsagendes Mitbringsel.
- Immergrüne Misteln in Baumkronen, Symbole für Friede und Fruchtbarkeit, vermitteln im Winter Stärke und Ausdauer.

Die äußeren und inneren Werte

»Das Äußere einer Pflanze ist nur die eine Hälfte der Wirklichkeit«, philosophierte Johann Wolfgang Goethe (1749–1832). Pflanzensymboliken sind Überbleibsel heilsgeschichtlicher Begebenheiten, von denen alte Quellen wie etwa das »Liber floridus« von Lambertus von St. Omer (um 1120) berichten. Manche Symbole sind leicht verständlich, bei anderen ist ein Zusammenhang zwischen Pflanze und Bedeutung nur schwer zu erkennen.

Bereits im Mittelalter galt die Alraunwurzel (*Mandragora*), die auch Galgenmännlein genannt wird, aufgrund ihrer Form als Zauberpflanze und dämonisches Symbol. Kein Wunder, ist sie doch hochgiftig. Im lateinischen Namen der Hauswurz (*Sempervivum*) ist noch abzulesen, dass sie für das ewige Leben stand. In der Naturheilkunde gelten ihre Blätter und deren Saft als adstringierend, krampflösend und wundheilend. Die Erdbeere ist zwar ein Sinnbild der Verlockung, doch bereits im 11. Jahrhundert wies Hildegard von Bingen auf ihren gesundheitlichen Wert hin, und auch Pfarrer Kneipp schwärmte im 19. Jahrhundert von der Heilkraft der Erdbeerblätter für Rekonvaleszente, die sich schwach fühlen und wieder zu Kräften kommen sollen.

Kraftquelle Grün

Über ihre Farben haben Menschen immer schon einen stark emotionalen Zugang zu den Pflanzen gehabt. So verbinden wir die Farbe Weiß mit Unschuld und Reinheit, Rot mit Liebe und Leidenschaft, aber auch Aggression. Die in der Natur vorherrschende Farbe ist jedoch Grün, sie strahlt Ruhe aus und inspiriert Ausgewogenheit und Hoffnung.

Energie und Synergie in natürlicher Umgebung

Taoistische Qi-Gong-Übungen, die sich mit dem Austausch von Pflanzenenergie beschäftigen und der Aufnahme positiver Energien dienen, werden vorzugsweise im Grünen ausgeführt. Traditionelle Chinesische Medizin und Bewegungstherapien aus der modernen Medizin inspirieren sich gegenseitig zwischen Frühlingsgrün und goldenem Herbstlaub. Sei es Pilates, Qi-Gong oder Yoga, ihre Wirkung potenziert sich, wenn man die Übungen im Garten, in einem Park oder zumindest vor dem geöffneten Fenster ausführt.

Heilgarten

Grün für Körper und Geist

Wissenschaftliche Forschungsergebnisse bestätigen, was beim Spaziergang durch den Garten spürbar ist: Grüne Oasen senken den Blutdruck und normalisieren den Herzschlag, sie reduzieren Stress und entspannen die Muskeln. Emotionale und körperliche Kräfte kehren zurück.

Die positive Energie des Organischen

»Es gibt eine Kraft aus der Ewigkeit und diese Kraft ist grün«, wusste schon Hildegard von Bingen. Heutige Wissenschaftler konstatieren gesteigerte Resilienz durch die Betrachtung von üppigem Grün. Doch in unserer modernen Welt schrumpft der Raum zum Kraftschöpfen. Parkanlagen müssen Wohnraum weichen und auch Gärten werden immer kleiner. Für die traditionelle, formal-geometrische Gartengestaltung bleibt da kaum noch Platz. Hier gilt es die Naturraumgestaltung mit fließenden Übergängen trotz allem ausgewogen zu halten, um die die Resilienz fördernde Energie des Gartens zu intensivieren. Ein farben- und formenreicher Wechsel zwischen Blumenwiese und Spielrasen, an den sich Beete anschmiegen, ist erwiesenermaßen wohltuender als eine alles beherrschende, kurzgestutzte Rasenfläche, die Beete für Blumen, Kräuter oder auch Gemüse an den Rand verdrängt. Geometrische Formen vermitteln Ruhe und Sicherheit, doch asymmetrische Gestaltungen wirken ansteckend unbeschwert. Einjährige Sommerwiesenblumen können hier zart und geradezu sinnlich ihren Beitrag leisten. Der Gartenbesucher braucht sich nur zurückzulehnen und aus der Betrachtung Kraft zu schöpfen.

In einem alten Garten

Resedaduft entschwebt im braunen Grün,
Geflimmer schauert auf den schönen Weiher,
Die Weiden stehn gehüllt in weiße Schleier
Darinnen Falter irre Kreise ziehn.

Verlassen sonnt sich die Terrasse dort,
Goldfische glitzern tief im Wasserspiegel,
Bisweilen schwimmen Wolken übern Hügel,
Und langsam gehn die Fremden wieder fort.

Die Lauben scheinen hell, da junge Frau'n
Am frühen Morgen hier vorbeigegangen,
Ihr Lachen blieb an kleinen Blättern hangen,
In goldenen Dünsten tanzt ein trunkener Faun.

Georg Trakl (1887–1914)

Seelengarten
Japanische Gartenkunst

Die Trockengärten, eine Sonderform des Japanischen Gartens, die nur mit Sand, Steinen und Moosen gestaltet sind, wurden in der westlichen Welt lange als exotische Folklore belächelt. Heute ist fernöstliche Spiritualität Teil unseres Alltags und Mini-Zen-Gärten gibt es in Einrichtungshäusern zu kaufen.

Einfach, einsam und erhaben

Was die gelungene Gestaltung eines Trockengartens ausmacht, beruht auf altem Zen-Wissen. Am Beispiel des berühmtesten Zen-Gartens, des Hojo-Teien, Garten des 1499 gegründeten Zen-Tempels Ryōan-Ji in Kyoto, lässt sich die durchdachte und doch so zufällig aussehende Wirkweise eines Meditationsgartens erkennen. 30 mal 10 Meter umfasst die fein gerechte Kiesfläche. Darin befinden sich 15 scheinbar zufällig platzierte, bemooste Steine in 5 Gruppen, befriedet durch eine Mauer mit Patina. Ungerade Zahlen, von allen Seiten sichtbare Elemente, sich selbst versorgendes Grün wie Moose und die Spuren der Zeit, also Vergänglichkeit – all diese Elemente sind Teil des fernöstlichen Ästhetik-Konzepts »Wabi-Sabi« (Wahrnehmung von Schönheit), das eng mit dem Zen-Buddhismus verbunden ist. »Wabi« bedeutet zunächst elend, einsam und verloren. Es wird erhöht durch »Sabi«, der Freude an Patina, um »an Reife verfügen« und wandelt sich zu dem Gefühl des »stillen in sich Ruhens«. Wabi Sabi steht für die Wahrnehmung und Verinnerlichung von Erfahrung. Übertragen auf den Garten symbolisieren die Moose, jene seit über 400 Millionen Jahren existierenden Landpflanzen, Weisheit,

Die meditative Wirkung fernöstlicher Steingärten, der Kare-san-sui (»trockene Landschaft«), ist auch bei uns schon lange bekannt und heute wertvoller als wir glauben.

die erst durch Altern erlangt werden kann. Ein Zen-Garten ist Wabi-Sabi, die Schönheit des Herben und Schlichten. Die traditionell in den Kies gerechten Linien symbolisieren den unregelmäßigen Lauf des Wassers, ohne Anfang und Ende. Die Fünf steht für die Fünf-Elemente-Lehre, Erde, Wasser, Feuer, Luft und Leere. Ein Zen-Garten ist Reduktion, Maß und Rückbesinnung Und genauso können wir ihn nutzen, wenn wir den Blick auf ihm ruhen lassen.

Struktur bewahren,
die Zeit ihr Werk tun lassen

Bei aller Statik ist auch ein Zen-Garten immer dem Wandel unterzogen. Moos wächst, die Umfriedung setzt weiter Patina an, das Licht, verstärkt durch den hellen Kies, wird zu jeder Tages- und Jahreszeit anders reflektiert.

Wenn wir uns einen solchen Wahrnehmungsgarten schaffen, sollten wir auf Accessoires verzichten. Keine Statuetten, keine künstlichen Lichter. Versuchen wir uns auf das Wesentliche zu konzentrieren und die Kraft der Elemente aufzunehmen. Wir werden mit Kontemplation und abrufbaren Glücksmomenten belohnt werden.

Raum zum Kennenlernen

Ist das Wetter trocken, lockt am Feierabend der »kleine Biergarten«: die Terrasse, die Bank vorm Haus oder die Sitzgruppe. Mit dem Blick ins Grüne, einem zwanglosen Treffen und Schwätzchen mit Nachbarn und Freunden nicht abgeneigt, kann man hier den Tag ausklingen lassen.

Jenseits des Zauns

Grün ohne Grenzen ermöglicht Kommunikation. Wenn ein Grün ins andere Grün übergeht, werden Übergänge fließend. Grün wirkt harmonisch, selbst wenn die Formen der Pflanzen sich stark unterscheiden. Blühende Stauden als Farbtupfer leiten das Auge durch die Natur. Mit ihren Farben kann man Flächen optisch strecken oder verkürzen. Rot im Hintergrund verkürzt den Garten optisch, während Blau ihn streckt. Wird dann das Auge schließlich noch von keinem Zaun gebremst, wirkt die Natur grenzenlos. Alles wirkt möglich, alle Wege scheinen offen. Perspektiven öffnen sich. Der Weg zum Nächsten ist frei. Kommunikation ist barrierefrei möglich. Gerade Parkanlagen zwischen Mehrfamilienhäusern in Städten bieten einen solchen Kommunikationsraum, einen Raum zum Kennenlernen. Man begegnet sich immer mal wieder beim abendlichen Spaziergang zwischen Sträuchern und Blumen, trifft sich entspannt an einer Sitzgruppe oder rund um den Spielplatz, wo sich die Kinder austoben. Idealerweise sind solche Anlagen ein Gegenpol zum potenziellen Stressfaktor nachbarschaftlicher Nähe. Denn ein intaktes soziales Netz ist ebenfalls ein wichtiger Gesundheitsfaktor. Die Natur kann hier der Rahmen für positive soziale Kontakte sein, die emotional stärkend und stresslösend sind. Ein Gänseblümchen von der Wiese oder ein bunter Herbstlaubstrauß, im richtigen Moment entgegengestreckt, können Eisbrecher bei Nachbarschaftszwistigkeiten sein, lange bevor sich Fronten verhärten.

Grüße vom Balkon

Balkonbegrünungen machen nicht nur die Besitzer glücklich, sondern sind Geschenke an die Nachbarn von gegenüber und vorübergehende Spaziergänger. Das saftige Grün in Töpfen kultivierter Bambussträucher, die im Wind wogen, bietet natürlichen und lebendigen Sichtschutz. Tomatenpflanzen, die sich aus Pflanzkübeln emporrecken, tragen reiche Ernte in Rot, Gelb oder Violett. Stehen sie im Windschutz einer wärmespeichernden Hauswand und wässert man sie ausreichend, hat man bald so viele Tomaten, dass man sie mit den Nachbarn teilen kann. Und wer würde sich nicht über die üppig überhängende Pracht eines gern auch traditionell bepflanzten Balkonblumenkastens freuen?

Jahreszeiten auf dem Balkon

- Frühlingsschönheiten im Kübel: ein Weidenhochstamm mit einer Unterpflanzung aus Osterglocken, Hyazinthen und Vergissmeinnicht.
- Sommerzeit mit Kräutertöpfen, Duftwicken, Feuerbohnen am Rankgitter und einem großen Topf mit Erdbeeren für die Naschkatzen.
- Herbstliches Farbenspiel durch Arrangements aus Ziergräsern, Herbstastern, Chrysanthemen und buntem Zierkohl.
- Winterzeit: begrünen und dekorieren mit Buchsbäumchen, Christrose, Schneeheide und Stechpalme.

Den Lauf der Natur planerisch nutzen

Je natürlicher ein Garten gestaltet ist, umso mehr gibt es zu sehen. Farben, Formen, Flora, Fauna, es wird nie langweilig. Selbst der kleinste Reihenhausgarten kann ein artenreiches Refugium sein, das sich stets verändert.

Sichtbare Zeichen der Zeit

Laubgehölze spiegeln mit Austrieb, Blüte, Herbstfärbung und Laubfall die Jahreszeiten wider und fordern damit geradezu zur visuellen Wahrnehmung der Zeit auf. Auch Stauden und Zwiebelblumen dürfen in solch einem Jahreszeiten-Garten nicht fehlen. Ziel ist ein Garten, der in jedem Monat ein etwas anderes Erscheinungsbild bietet. Das immerwährende und wiederkehrende Wachsen und Vergehen steht in wohltuendem Gegensatz zur ständigen Veränderung in unserem Alltag. Langsamkeit und ruhig ineinanderfließende Übergänge bewusst wahrnehmen und genießen. Wechsel der Perspektive: Einmal im Monat unter einem Baum liegend in die Baumkrone blicken, die Laubfarbe und die Bewegungen der Zweige bewusst in sich aufnehmen. Das Kommen und Gehen im Vogelkasten dort hoch oben beobachten. Dem Herbstlaub beim Herabsinken entgegenschauen.

Eine wahre Augenweide für den Garten ist ein Fächerahorn. Im Herbst leuchtet er in solch kräftigen Rottönen, dass man gar nicht anders kann, als ihn zu bestaunen. Nicht nur zentrale Bäume, auch eine Pergola, eine Skulptur, ein Brunnen oder Stein können optische Bezugspunkte sein. Sichtachsen brauchen Blickziele. Mit ihnen findet das Auge zur Ruhe. Sie sind Wohltat für einen Entspannung suchenden Geist. Auf sie trifft das Auge am Ende einer Sichtachse, die durch den Garten oder Park führt. Auch eine lebende Skulptur aus Weiden- oder Haselruten im Zentrum einer Gartenwegekreuzung kann solch ein Dreh- und Angelpunkt

sein. Wege oder Rasenflächen, Hecken in unterschiedlichen Höhen, geometrisch, symmetrisch oder auch geschwungen, verwunschen, dem gartenplanerischen Einfallsreichtum sind keine Grenzen gesetzt.

Pflanzen mit kräftigen Farben wie der Gelbe oder der Rote Sonnenhut sind natürliche Hingucker. Die Lampionblume spricht das Auge durch ihre kräftig orangefarbene, papierene Fruchthülle an. Das Pfaffenhütchen ist ein filigraner, heimischer, allerdings giftiger Strauch mit zarten pink–orangefarbenen Früchten, die ihm seinen Namen gaben. Und im Herbst mischen auch seine Blätter im Farbenreigen mit, wenn sie über Gelb ins Rot wechseln. Noch kräftiger leuchtet gar das Laub eines Verwandten, des Spindelstrauchs.

Grün sehen

Wissenschaftlich erwiesen ist, dass die »Unruhe« von Blattgeflechten als wohltuend empfunden wird. Grüntöne senken außerdem den Blutdruck.

Den Garten hören – auditive Erlebniswelt

Ein Garten ist voller Töne und dennoch nie laut. Das Rauschen der Zweige beruhigt, das Zwitschern der Vögel im Frühling macht gute Laune.

Den Akku aufladen durch Naturgeräusche

Die Welt um uns wird von Jahr zu Jahr lauter – Verkehr, Handys, Baumaschinen tönen. Auch im Garten ist es nie ganz still, aber die Geräusche der Natur werden durchweg als wohltuend empfunden. So boomen Naturgeräusche-CDs, dabei reichen schon wenige Minuten im Garten aus.

Wer hören kann wird fühlen

Das Gehör ist der einzige unserer Sinne, den wir nicht abschalten können. Bereits im Mutterleib hören wir, denn das Hören ist der erste Sinn, der sich entwickelt. Von da an sind unsere Ohren rund um die Uhr »on air«. Selbst während wir schlafen, arbeiten sie und versorgen unser Gehirn mit Informationen aus der Welt um uns herum. Das Hören ist unser differenziertester Sinn, ein gesundes Ohr ist sensibel und arbeitet genau und leistungsstark. Doch ebendies kann zum Problem werden. Den ganzen Tag malträtieren moderne Umweltgeräusche unser Ohr und halten damit unseren Stresslevel hoch, denn wir fühlen uns ständig bedroht. Die emotionale Wirkung von Klängen hat sich im Laufe der Menschheitsgeschichte entwickelt. Für unsere Vorfahren war es überlebenswichtig, ein herannahendes Raubtier zu hören. Alles, was wir hören, wird an unser Gehirn weitergeleitet und dort blitzschnell in bedrohlich oder nicht einsortiert. Heute lauern die Gefahren für uns eher im Straßenverkehr – wann schleicht sich schon noch ein Tiger an uns heran. Aber Klingeltöne, Laubsauger, Autoverkehr und Ähnliches werden zu einer akustischen Umweltverschmutzung, die uns zunehmend stresst.

Akustische Reizüberflutung macht krank

In einem Garten hingegen ist der erste Eindruck Stille. Es scheint Ruhe zu herrschen, eine Ruhe, die uns Sicherheit signalisiert. Nimmt man sich Zeit und hört genau hin, ist man erstaunt, welche Vielfalt an Tönen sich in einem Garten zu einer einzigartigen, sanften Komposition mischt.

Kleine Kraftspender

- Gehen Sie mit geschlossenen Augen einen Gartenweg entlang und lauschen Sie den Geräuschen Ihrer Schritte.
- Setzen Sie sich auf eine Parkbank und blenden Sie alle anderen Sinne aus. Konzentrieren Sie sich auf das, was Sie hören. Da zwitschert ein Vogel, dort knirscht der Kiesweg, ein Tor knarzt, trockenes Laub raschelt, ein Hund bellt.
- Legen Sie sich unter einen Baum. Hören Sie wie der Wind durch die Zweige streicht, wie er die Blätter rascheln lässt. Ist der Wind stärker, kann man hören, wie die Äste aneinander reiben und der Baum sich knarrend windet.
- Gehen Sie an einem Bachlauf entlang. Das Wasser plätschert über kleine Wasserfälle und rauscht durch enge Stellen.

Der tönende Garten

Als im 18. und 19. Jahrhundert die Erforschung der Welt zum großen Abenteuer der Zeit wurde und Universalgelehrte wie Alexander von Humboldt (1769–1859) Pflanzen und Tiere aus fernen Ländern mitbrachten, wurden aus Gärten oft Tiergärten. Es musste ja nicht gleich ein Zoo mit Elefanten und Giraffen sein, auch exotische Vögel in einer Voliere gaben den Gärten einen völlig neuen Klang.

Die Tiere in historischen Gärten

Der schrille Schrei eines Pfaus gehörte zu Barockgärten wie die Sichtachsengestaltung und der zu kunstvollen Formen getrimmte Buchsbaum. Selbst im mittelalterlichen Lustgarten, jenem Erholungsgarten innerhalb einer Burg, war Platz für Vogelstimmen. Wenn auch oft nur in Form des Minnesangs, dessen Interpreten teilweise sogar die »richtigen« Namen trugen, wie Walther von der Vogelweide. Kein Motiv ist für die mittelalterliche Liebeslyrik so bedeutend wie der Singvogel, als deren menschliche Interpreten sich die Minnesänger sahen

In der Phase der großen Chinaverehrung Ende des 18. Jahrhunderts, als man in den »Englischen Gärten« Europas Chinesische Türme, Pagoden und Goldfischteiche anlegte, war der Gesang der Nachtigall in großen Volieren der letzte Schrei. Kein Schloss kam ohne ein Aviarium, ein begehbares Vogelhaus aus, gerne inmitten eines Arboretums, einer Baumsammlung mit möglichst vielen exotischen Gehölzen und Baumriesen. In den Privatgärten sollten kleine Singvögel in Vogelbauern die Beschallung übernehmen. Das Bild eines weiß lackierten Vogelbauers, dekorativ platziert auf einer Balustrade mit Blick auf einen Blumengarten, ist bis heute ein oft zitierter Inbegriff für Romantik.

Heute nehmen wir Abstand von eingesperrten Vögeln in unseren Gärten, aber das Singen und Schlagen, Pfeifen, Klopfen und Keckern wollen wir nicht missen. Deshalb ist ein artenreicher Garten mit Rückzugsmöglichkeiten für viele verschiedene Nesterbauer heute ein Gartenkonzept und Vogelstimmenhörbücher haben Konjunktur.

Dem Klang des Gartens lauschen

Nachts im Garten

- Setzen Sie sich in einer warmen Nacht in einen unbeleuchteten Garten und lauschen Sie: Igel im Liebesrausch, Mäuse auf Nahrungssuche, Insektenzirpen und das Flirren von Fledermäusen ergeben eine Geräuschkulisse, die spannend und beruhigend zugleich sein kann.

Das Wetterkonzert

- Sturm, Regen, ja sogar große Hitze lassen den Garten ganz eigene Tonarten entwickeln. Ein Gewitter, das mit seinen Regentropfen jedes Blatt als Trommel nutzt. Ein Sturm, der Geäst und Bäume zum Rauschen bringt. Flirrende Hitze, die Knacken im Holz erzeugt.

Im Naturgarten

Rauschen, Plätschern, Summen, Rascheln, in einem Garten ist es niemals ganz still. Selbst in der Nacht nicht. Das sanfte Rauschen der Blätter eines Laubbaums im Wind gehört zum Schönsten, was man im Garten hören kann. Nimmt man sich Zeit und lauscht all diesen Geräuschen, spürt man wie Puls und Atmung ruhiger werden.

Des einen Freud, des anderen Leid

Um Tiere, Pflanzen, Wind, Wasser und brechendes Eis hören zu können, muss man nicht nur die Ohren spitzen, sondern den Garten entsprechend gestalten. Überlegen Sie sich in Ruhe, welche Töne der Natur Ihnen persönlich am angenehmsten sind. Für den einen ist plätscherndes Wasser Lärm, für den anderen hat es Wohlfühlcharakter. Laub rauscht und raschelt, kann fröhliche Kindheitserinnerungen wachrufen, muss aber auch geharkt werden. Tiere, die man mit Futterstellen anlockt, hinterlassen eventuell auch Kot und Essensreste. Der krähende Hahn, der für den einen idyllisches Landleben bedeutet, ist für den Nachbarn eventuell eine Biorhythmus- Katastrophe.

Naturmelodien für Geplagte

Den Geräuschen des Gartens lauscht man am besten mit geschlossenen Augen: Da ist das Knacken aufspringender Knospen oder das Auftreffen einer Kastanie auf dem Boden. Wissenschaftliche Studien belegen: Je naturnäher ein Garten ist, umso beruhigender und wohltuender wirken diese Geräusche, nahezu wie Musik. Studien haben nachgewiesen, dass die größere Vielfalt in naturbelassenen Gärten nicht nur subjektiv als stressmindernd empfunden wird, sondern ihr positiver physiologischer Effekt messbar ist. So auch in von der Natur inspirierten Cottage- und Bauerngärten, in denen man den Garten nicht etwa verwildern lässt, sondern die Gestaltung und Pflege am Wechselspiel der Natur orientiert.

Zusammenklang von Flora und Fauna

Im Frühling hört man die Pflanzen förmlich wachsen und die Vögel zwitschern ansteckend lebensfroh beim Liebeswerben und auf der Suche nach dem besten Nistplatz. In Gärten hingegen, in denen Vögel keinen Platz für die Brut in Gehölzhecken oder Nistkästen finden, in denen übereifrig leergeputzte Beete ihnen keine Nahrung bieten, herrscht bald gespenstische Stille. Wenn es im Frühsommer in den Beeten und auf den Wiesen üppig blüht, kann man allerlei Insekten hören, die umherschwirren und von Blüte zu Blüte summen. Im Herbst prasselt der Regen, im Winter knirscht der Schnee. Auch die Tageszeiten haben unterschiedliche Melodien: Die frühen Morgenstunden gehören akustisch den Singvögeln, mit der Abenddämmerung setzt das Konzert quakender Frösche und zirpender Grillen ein.

Ein Blick in skandinavische Gärten zeigt uns Beispiele für die gelungene Kombination aus Naturnähe und Nutzen. Traditionell lässt man dort dem Garten seine natürliche Schönheit und greift nur begrenzt ein. Viele Pflanzen dürfen relativ ungestört wachsen und sich entfalten. Wählen Sie robuste Pflanzen, wie heimische Stauden und Gehölze, setzen Sie damit akzentuierende Farbtupfer. Daneben aber wird der Nutzen nie aus den Augen verloren und sofern Platz und Zeit zur Pflege vorhanden sind, werden Kräuter, Obst oder Gemüse angebaut, nahe einer Sitzgruppe erklingen vielleicht die vollen Töne eines Windspiels.

Idylle fürs Ohr

Ein Sommermittag, die Luft scheint stillzustehen. Zwischen den Blüten summen Hummeln und Bienen. Kleine Käfer suchen Schattenplätze. Die Baumkronen kommunizieren mit Botenstoffen, die wir nicht hören, aber riechen können. Holz knackt in der Hitze. Ein tiefer Frieden liegt über dem Garten, in dem für einen Augenblick die Welt anhält, in seiner grünen sanften Mittagsruhe.

Wellnessgarten

Aktives Hören

Abschalten, im wahrsten Sinne des Wortes, danach sehnen sich immer mehr von der Kakophonie des Alltags geplagte Menschen. Die Suche nach Stille, der Wunsch, sich in einen leisen, beruhigenden Raum zurückziehen zu können, führt in den Garten. Seine Töne übertragen sich als harmonische Schwingungen und lösen Anspannungen.

Gräser für sanftes Rauschen

- Ein Bambus gibt die Bewegung des Windes wieder, deswegen spielt er in der asiatischen Gartentradition eine große Rolle. Schirmbambus und Flachrohrbambus gedeihen bei uns am besten.
- Chinaschilf treibt je nach Art unterschiedlich hohe Halme, deren attraktive Blütenrispen ab August im Wind wogen und dabei sanft rauschen.
- Rutenhirse wird im Herbst zu einem optischen Leuchtfeuer und von den Herbstwinden in akustische Schwingungen versetzt.
- Riesen-Federgras ist immergrün und seine lockeren, haferähnlichen Blütenrispen wirken elegant und leicht, wenn sie sich im Wind sanft aneinanderreiben.

Eintauchen in Töne

In der Natur, in Gärten und Parks bietet sich die Möglichkeit, den einzelnen Ton aus der Stille heraus zu entdecken.

Wagen Sie den Versuch, legen Sie sich unter einen Baum auf den Boden, schließen Sie die Augen. Achten Sie auf jedes einzelne Geräusch.

Versuchen Sie herauszuhören, was Sie alles hören. Trennen Sie die akustische Mischung. Fast vollständige Ruhe wechselt sich mit Geräuschen ab, die der Wind im Zusammenspiel mit dem Laub oder anderen Pflanzen erzeugt. Kleine und kleinste Tiere sind unterwegs.

Lässt man sich bewusst darauf ein, diese Akustik wahrzunehmen, spürt man sehr schnell, wie man sich beim Lauschen entspannt, wie der Atem ruhiger wird und die Pulsfrequenz sinkt. Wärme breitet sich im Körper aus. Ein solcher Ort der Ruhe ist beispielsweise das Arboretum auf der Insel Mainau im Bodensee. Dort stehen exotische Gehölze harmonisch neben heimischen Arten. Bei einem Spaziergang unter den mächtigen Baumkronen werden alle Sinne angeregt, nicht nur das Gehör, und zugleich kehrt Ruhe ein, fällt der Alltagsstress vom Besucher ab.

Munteres Bächlein

Will man unliebsame Geräusche ausblenden, hilft erwiesenermaßen das Geräusch von Wasser, das beispielsweise aus einer Wasserschütte herunterfällt oder über einen Sprudelstein quillt. Das Plätschern stimuliert das Gehör und hilft ihm, sich zu fokussieren. Mit Wasserwänden lassen sich Bereiche sowohl optisch als auch akustisch voneinander trennen. Schon ein kleiner Bachlauf im Garten hilft bei der Gestaltung einer angenehmen Geräuschkulisse. Dafür sollte man ihn so anlegen, dass er nicht nur ein monotones Plätschern erzeugt. Größere und kleinere Stufen und Steine sorgen für Abwechslung. Die daraus resultierenden, variierenden Fließgeschwindigkeiten simulieren die Musik eines frischen, kleinen Gebirgsbachs. Wenn man die Augen schließt, kann man ihn imaginieren.

Dezente Geräusche fürs innere Gleichgewicht

Pflanzenfülle ist gleichbedeutend mit einer rührigen Atmosphäre, in der sich das Leben regt. Dieses Leben kann man hören, wenn man sich darauf einlässt. Der Artenreichtum lädt zu akustischen Erkundungsspaziergängen ein.

Die Heilkraft des Hörens

Hören wird im Vergleich zum Sehen oft als zweitrangig eingeschätzt, dabei reagiert man auf Gehörtes wesentlich schneller, unbewusst und intuitiv. Das gilt sowohl für schwache, als auch überstarke akustische Reize. Während schwache Reize auslösend bis motivierend wirken und mäßige Reize entwickelnd, hemmen starke und überstarke Reize das Gehör. Dies erklärt die heilende Kraft der zumeist dezenten Naturgeräusche des Gartens. Belastende Situationen wie Müdigkeit, Ärger oder Stress lassen uns instinktiv in den Garten flüchten. Dort kann man ohne Aufwand, ohne Anstrengung Kraft tanken, allein indem man für eine Weile mit geschlossenen Augen dasteht und die Umgebung auf sich wirken lässt. Denn die Verbundenheit von Mensch und Natur ist eine Grundbedingung für unser Glück, für unser inneres Gleichgewicht. Wenn Sie an Ihren Stressursachen nichts beziehungsweise zu wenig ändern können, tanken Sie regelmäßig Ruhe in der Natur, in einem bunten, lebendigen Garten, in dem es summt und brummt, in dem Gräser rascheln, Blätter rauschen und im Winter der Schnee unter Ihren Schritten knirscht.

Wenn's Frühling wird

Die ersten Keime sind, die zarten,
im goldnen Schimmer aufgesprossen;
schon sind die ersten der Karossen
    im Baumgarten.

Die Wandervögel wieder scharten
zusamm sich an der alten Stelle,
und bald stimmt ein auch die Kapelle
    im Baumgarten.

Der Lenzwind plauscht in neuen Arten
die alten, wundersamen Märchen,
und draußen träumt das erste Pärchen
    im Baumgarten.

Rainer Maria Rilke (1875–1926)

Den Tieren helfen und sich selbst

Was der fränkische Dichter und Maler Max Dauthendey in seiner Lyrik festhielt, war die Sinnlichkeit der Natur und deren gezähmter Form, des Gartens. Zunehmend benötigt die Natur allerdings unsere Hilfe.

Unser Beitrag zum »großen Summen«

In einem Garten erwarten wir Vogelgezwitscher, aber auch Summen, das der Hummeln, Bienen und Wespen, sogar das Sirren der Mücken und abends das Zirpen der Grillen und Zikaden. Durch die veränderte Landwirtschaft, haben es die Insekten aber schwerer denn je. Wie gehen wir mit unseren Feldern und Wiesen um, deren industrialisierte Bearbeitung vielen Insekten die lebensnotwendige Nahrung und den Lebensraum nimmt? Der Wunsch nach einem Hör-Erlebnis im Garten ist somit eng mit einer Gewissensfrage verbunden: Was bin ich selbst bereit zu tun, um das »große Summen« möglich zu machen? Bereits im Frühjahr könnten wir Weidenkätzchen nur mäßig für den Eigenbedarf schneiden und Zwiebelbumen wie Krokus und Schneeglöckchen im Rasen auswildern. Wer es über sich bringt, weniger zu mähen und den Löwenzahn im Rasen stehen zu lassen, tut Gutes, denn er ist eine Pflanze mit hohem Nektar- und Pollenwert. Sommerliche Blumenrabatten sollte man mit insektenfreundlichen Pflanzen gestalten. Gefüllt blühende Sorten beispielsweise besitzen zurückgebildete oder

Die Amseln haben Sonne getrunken // aus allen Gärten strahlen die Lieder // in allen Herzen nisten die Amseln // und alle Herzen werden zu Gärten // und blühen wieder. (…) – Max Dauthendey (1867–1918)

nur schwer zugängliche Staubblätter und Nektarien, sie bieten den Insekten deshalb kaum Nahrung. Säen Sie Blühstreifen ein, lassen Sie ein paar Brennnesseln stehen und ruhig auch einmal ein wenig Laub und Geäst als Unterschlupf in einer Ecke liegen. Wer einmal in der Mittagshitze still im Schatten sitzend dem Summen und Brummen gelauscht hat, weiß um die Kraft der kleinen, so wichtigen Befruchtungshelfer. Auch wenn es zur Veränderung der Landwirtschaft noch ein weiter Weg ist, in unserem Garten können wir wirken und gleichzeitig unserer Seele Gutes tun.

Urgeräusch Summen

Summen ist für uns Menschen ein Urgeräusch, Summsteine, eine Sonderform der Lochsteine, sind bereits in neolithischen Siedlungen auf Malta zu finden. Sie wurden zur Heilung und Meditation eingesetzt. Heute werden sie zur Förderung der Sinneswahrnehmung aufgestellt, wie auf dem Skulpturenpfad Herten oder in den Gärten von Schloss Trauttmannsdorf bei Meran. Sie können Summsteine auch auf Waldlehrpfaden entdecken. Stecken Sie den Kopf hinein und beginnen Sie zu summen. Schon bald wird eine Vibration durch Ihren ganzen Körper gehen.

Gespräche im Grünen

Gespräche am Lagerfeuer haben wohl schon unsere Urgroßeltern geführt. Nach der Arbeit beisammensitzen, den Tag ausklingen lassen, die Wärme des Feuers spüren, beobachten, wie die Sonne untergeht und die Nacht und ihre Geräuschkulisse alles einhüllt – das ist Feierabend!

Worte im Grünen

Gespräche verlaufen sehr unterschiedlich, je nachdem in welcher Umgebung sie geführt werden. Der positive Einfluss einer grünen Umgebung ist enorm, vor allem auf das Grundgefühl und die Kreativität. Und das nicht erst am Feierabend. Besprechungen im Grünen wirken stressmindernd, steigern das Wohlbefinden der Mitarbeiter und fördern so Motivation und Produktivität. Da es aber nicht immer möglich ist, den Arbeitsplatz oder den Besprechungsraum nach draußen zu verlegen, holen sich immer mehr Firmen die Natur in ihre Räume und an die Arbeitsplätze.

Die Startups im Silicon Valley haben es vorgemacht. Firmen bieten ihren Mitarbeitern dort beispielsweise Dachgärten mit Sitzgruppen zwischen Pflanzen, wo man Stress abbauen kann oder zwanglos miteinander ins Gespräch kommen. Das Konzept: Stress am Arbeitsplatz mindern, indem man ihm vorbeugt. Meetings zwischen Blättern, Sonnenblumen und Kräuterbüschen – in Büros mit solchen Freilufträumen bleibt der Stresspegel deutlich niedriger und damit reduzieren sich auch krankheitsbedingte Personalausfälle. Doch auch Pflanzen in Räumen tragen nachweislich zum physiologischen Wohlbefinden bei: Sie erhöhen die Luftfeuchtigkeit und produzieren Sauerstoff. Zudem sind sie ein wirksames Mittel gegen den Stressfaktor Lärm. Ihre Blätter brechen den Schall, was besonders in Großraumbüros eine wahre Wohltat ist. In Lounges ziehen Pflanzenbilder oder ganze begrünte Wände die Blicke auf sich und sorgen für

eine entspannte Grundatmosphäre. Studien belegen gar, dass Patienten in mit Pflanzen ausgestatteten Krankenzimmern oder Räumen, die einen direkten Ausblick ins Grüne bieten, schneller genesen.

Krisengespräche im Grünen

Steht ein Stressgespräch an, sollte man es ins Grüne verlegen. In einem Ambiente bunter Sommerblumen und weichgeschwungener Staudenbeeten, vor beruhigend grünem Hintergrund, bleibt das Gesprächsklima trotz des möglicherweise brisanten und konfliktträchtigen Themas deutlich ruhiger. Die Emotionen können fast nicht hochkochen. Der Kommunikationsort Garten bietet eben eine ideale Umgebungsruhe. Zuhören wird leichter, jeder ist aufmerksamer, die Gespräche gehen tiefer, tragen Früchte.

Ungestört sprechen

- Will man die Nachbarn nicht stören oder nicht alles mit ihnen teilen, umgibt man den Garten oder einen Bereich davon mit schallbrechenden Pflanzen. Dazu eignen sich Heckenpflanzen wie die Hainbuche oder die immergrüne Lorbeerkirsche.
- Für die Kommunikation bevorzugt der Mensch eher abgegrenzte und geschützte Bereiche, wie etwa zwischen Bambuspflanzen, hinter dicht bewachsenen Rankgittern mit Feuerbohnen, Waldrebe und Efeu oder in einer Rosenlaube.

Grünes klingen lassen

Die Geräuschkulisse eines Gartens ist stark von seiner Bepflanzung und seinen geflügelten Bewohnern bestimmt. Unterbewusst und sofort reagiert unser Körper, Erinnerungen und Gefühle kommen hoch. Über eine entsprechende Gartengestaltung ist es möglich, direkten Einfluss auf die gewünschte Geräuschkulisse zu nehmen.

Wohlklingendes ansiedeln

So oft es geht sollte man sich der beruhigenden Wirkung sanfter und natürlicher Geräusche hingeben. Hecken schützen dabei vor unerwünschten Straßengeräuschen. Das muss aber keine akkurat gestutzte Thujenhecke sein, im Gegenteil, eine Reihe fruchtbildender, heimischer Gehölze wie z. B. Schlehe, Haselnuss oder Kornelkirsche bieten Schallschutz und gleichzeitig den gefiederten Gartenbesuchern Futter und Unterschlupf. Der Dank wird ein mehrstimmiges Pfeifkonzert sein.

Geräuschvolle Pflanzen

Die Namen mancher Pflanzen deuten bereits darauf hin, dass sie nicht vollkommen still sind. Die Blüten der Rasselblume rasseln, wenn ihre Blüten im Wind aneinanderstoßen. Die Geräusche der reifen Samen in ihren Fruchthüllen gaben dem Klappertopf und der Klappernuss ihre Namen. Die Blütenrispen des Zittergrases, die imposanten Blütenähren des Pampasgrases oder die überhängenden Triebe des Schirmbambus rascheln im Wind und sehen darüber hinaus auch noch gut aus, wenn zarte Tautropfen oder erster Raureif auf ihnen glitzert. Ganz besonders wichtig für den akustischen Aspekt ist allerdings, die Gräser an einen Platz zu setzen, an dem der Wind die Halme auch erfassen kann.

Klangspiele installieren

In der Nähe von Sitzplätzen könnten Klangspiele, die sich bereits bei leichtem Wind bewegen, beruhigend und anregend zugleich wirken. Aus unterschiedlich langen, hohlen Bambusrohren oder ausgehöhlten Holunderstecken, die man an einem Ring oder einem zusammengedrehten jungen, frischen Weidenzweig aufhängt, lässt sich ein solches Windspiel kinderleicht selbst gestalten. Platzieren Sie aber nie mehr als zwei Geräuschquellen (Wasserplätschern, Windspiel, Gräser …) räumlich nah zueinander. Denn sonst werden aus dem Zauber der feinen Töne zu viele akustische Reize oder gar eine permanente Beschallung. Ein Windspiel sollte folglich stets so aufgehängt sein, dass man es jederzeit mit einem Handgriff abnehmen kann. Der Mensch selbst kommt ins Spiel, wenn er beim Laufen über verschiedene Untergründe Geräusche erzeugt. Lauscht man bewusst auf diese Schritte ordnen sich Gedanken, kehrt Ruhe ein, verfliegt Stress.

Gartentöne

Rauschen, zwitschern, klackern, rieseln, knirschen – in einem Garten machen Wasser, Wind und kleine Wesen die Musik im grünen Orchester.

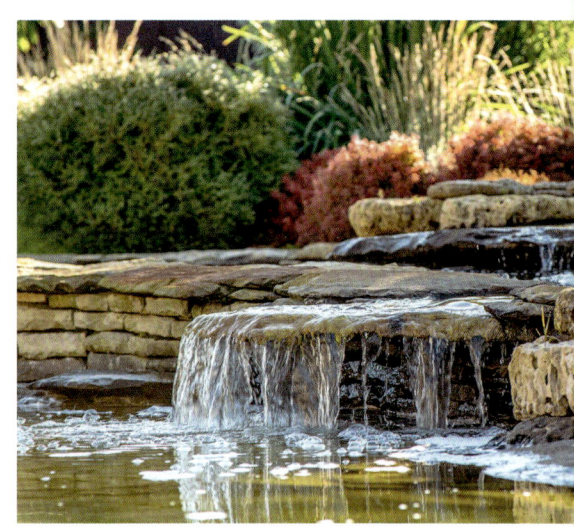

Den Garten riechen – olfaktorische Erlebniswelt

Frühling riecht im Garten nach Maiglöckchen und Flieder, Sommer nach frisch gemähtem Gras, Herbst nach Erde und Laub und Winter nach Schnee.

Gerüche wecken Emotionen

Alles um uns herum »riecht« und diese Gerüche verknüpfen sich im Gehirn sofort mit Emotionen, danach mit Bildern und dann Worten, man assoziiert Positives oder Negatives. Dies ermöglicht unser episodisch-autobiografisches Gedächtnis. Die persönliche Bewertung eines Geruchs findet noch vor der eigentlichen Geruchserkennung statt.

Der Duft der Vergangenheit

Der Geruch von Pflanzen, die das Gefühl von Vertrautheit geben, knüpft zumeist direkt an Kindheitserfahrungen an. Sind diese emotional positiv besetzt, fühlt man sich geborgen und sicher. Innere Unruhe wird gemildert, Alltagsängste können abgebaut werden. So wird ein Garten gerade über seine Duftbotschaften zu einer Kraftquelle, einem Ort der Erinnerung und Entspannung oder anregender Spielplatz für die Phantasie. Die Zuordnung von Gerüchen zum persönlichen grünen Paradies ist absolut individuell.

Positiv wirkende Duftsubstanzen

Neben dem emotionalen Effekt konnten Forscher bestimmten Substanzen auch einen direkten Einfluss auf unser Immunsystem zuordnen. Forscher aus Japan sprechen dabei den Phytoziden eine wichtige Rolle zu, die von Pflanzen gebildet werden, um sich vor Krankheitserregern und Schädlingen zu schützen. In Japan werden auch die positiven Effekte eines Waldspaziergangs längst therapeutisch genutzt. Dort nennt man diese Praktik » Shinrin-Yoku«, was so viel bedeutet wie »Waldbaden« oder »Einatmen der Wald-Atmosphäre«. Die molekularbiologische Forschung bestätigt auch die uralte Heilkunst der Aromatherapie. Selbst wenn sie in der Schulmedizin noch nicht angekommen ist, setzen Kliniken immer häufiger Aromen oder einen Klinikgarten zur Heilungsunterstützung ein. Atmen Sie im Garten also tief ein und achten Sie auf Dufterinnerungen, beim Geruch einer bestimmten Blume oder von Fichtenharz vielleicht.

Ätherische Öle als Kraftspender

- Lavendelduft entspannt und beruhigt. Nach einem stressigen Tag hilft ein Vollbad mit Lavendel-Öl, die Hektik des Tages hinter sich zu lassen und abzuschalten.
- Da ätherische Öle nicht wasserlöslich sind, sondern Fett zur Entfaltung ihrer Wirkung brauchen, sollte man sieben bis zehn Tropfen des Öls vor dem Baden mit einem Emulgator vermischen – zum Beispiel mit einem neutralen Duschgel oder Sahne.
- Mit Jojoba-Wachs verdünnte Öle kann man für Einreibungen oder Massagen verwenden. Typische Öle für die Massage sind Rosmarinöl und Thymianöl. Sie vitalisieren und bringen die Balance zurück.
- Aktivierend wirken Citronella-Öl und Fichtennadelöl, aphrodisierend wirken die Öle von Jasmin und Rose, fokussierend das Pfefferminzöl.

Der Ursprung der Aromatherapie

Der Pfarrer und Naturheiler Sebastian Kneipp (1821–1897) sagte: »Den Pflanzen, welche durch die ihnen vom Schöpfer angehängten Riechfläschchen den würzigen Heilduft sich uns selbst ankündigen, ... wollen wir fleißig nachgehen.« Wie Recht er hat, zeigt sich in der wiederentdeckten Aromatherapie.

Der gezielte Einsatz von Düften

Das Wissen um die wohltuende Wirkung von Düften ist alt. Schon rund 3000 v. Chr. wurden Blütenessenzen und -öle verwendet. Um das Jahr 1000 entdeckten die Araber die alten Verfahren neu und verfeinerten sie. Am französischen Hof waren im Barock Duftstoffe unerlässlich, um das Fehlen von Waschgelegenheiten zu übertünchen. Die neuerliche Verwendung von ätherischen Ölen aus Pflanzen ist dem französischen Arzt Jean Valnet zu verdanken. Er prägte auch den Begriff der Aromatherapie, der seit den 1980er Jahren die Naturheilkunde bereichert. Der Duft als Wohlfühlelement haben auch die Händler entdeckt. Wer einen Blick in eine Drogerie wirft, wird am Regal mit Raumdüften die Qual der Wahl haben. Die künstlichen Düfte bräuchten wir eigentlich aber nicht. Wir könnten ganzjährig unsere Wohnung wohltuend bedufen, sei es durch Pflanzenessenzen und -öle, Wurzeln und Nadeln oder Späne von Holz aus dem Garten und der Natur.

Die Heilwirkung der Aromen

In immer mehr Kliniken werden heute Aromatherapeuten eingesetzt. Der Erfolg bei der Schmerztherapie, bei Schlafstörungen, Burn-out und Angstzuständen ist erwiesen. Die Diplombiologin und Heilpraktikerin Ruth von Braunschweig, die seit mehr als 20 Jahren die Wirkung von Aromen erforscht, sagt über Pflanzen: »In ihnen stecken Moleküle, die unser Körper wahrscheinlich schon seit Jahrtausenden kennt. Vieles spricht dafür, dass er überall Rezeptoren, sprich Andockstellen für sie besitzt.« Wir tragen also altes Wissen in uns und riechen quasi mit jeder Faser.

Wie und warum duften Pflanzen?

Das Urparfüm

Die Duftstoffe der Pflanzen sind meist leicht flüchtige ätherische Öle und Kohlenwasserstoffverbindungen, meist Terpene oder aromatische Verbindungen, die aus mehreren Komponenten bestehen und sehr vielfältig sind. Die Pflanze lockt damit Insekten an oder schreckt sie ab, schützt sich vor Überhitzung und Kälte und kommuniziert damit. Der Duft ist zu unterschiedlichen Tages- und Jahreszeiten verschieden. Tatsächlich liegen die Duftmoleküle dann auch in unterschiedlicher Zusammensetzung und Konzentration in den verschiedenen Pflanzenteilen vor.

Mediterraner Duftgarten

Sommersonnenwärme und würziger Kräuterduft wecken die Sehnsucht nach den sinnlichen Landschaften Südfrankreichs oder der Toskana: Mediterrane Gärten duften nach Urlaub und Feierabend. Schaffen Sie sich mit den typischen Pflanzen und Elementen eine südliche Duftoase.

Mauern und Kübelpflanzen fürs Mittelmeerflair

- Natursteinmauern speichern Wärme und geben ihre Energie abends und nachts an wärmeliebende Pflanzen ab. Sie unterstützen die Harmonie im Provence-Garten. Die Pflanzen durchsetzen und überwuchern sie, sodass sie harmonisch in den Garten eingebunden werden.

- Olivenbäume, Zypressen, Rosmarin und Lavendel prägen den mediterranen Garten sowie trockenheitstolerante Sträucher wie der Lorbeerblättrige Schneeball oder Zistrosen.
- Leider sind fast alle der typisch mediterranen Gewächse bei uns nicht winterhart und werden deshalb am besten als Kübelpflanze verwendet. Damit kann man einen Innenhof oder eine Terrasse im Nu quasi in den Süden verlegen.

Gute Erinnerungen

Pflanzen lassen sich über ihren Duft gezielt dafür einsetzen, bestimmte Gefühle oder Assoziationen hervorzurufen. Ohne Duft, der unsere Sinne reizt, wäre ein Garten kein Garten. In der Mittagssonne duften Salbei, Rosmarin und Thymian kräftig und würzig. Wer könnte ihnen widerstehen und wollte nicht mit der Hand über ihr Laub streichen. Bohnenkraut, Oregano und Majoran vervollständigen das Duftpotpourri für Mittelmeer-Urlaubserinnerungen. Proust-Phänomen nennen Psychologen solch ein Aufwallen von Erinnerungen. In seinem Roman »Auf der Suche nach der verlorenen Zeit« tunkt Marcel Prousts Protagonist erst ein Stück Madeleine in seinen Tee. Als das weiche Gebäck seinen Gaumen berührt, tauchen verloren geglaubte Kindheitserinnerungen wieder auf. So ähnlich geht es uns auch mit Düften.

Wie die Speicherung von Gerüchen funktioniert

Bereits Aristoteles wusste: »Der Mensch riecht Riechbares nicht, ohne ein Gefühl des Unangenehmen oder Lustvollen zu empfinden.« Heute wissen wir, dass das physiologisch bedingt ist. Die Eindrücke anderer Sinne werden allein vom Thalamus geprüft, bevor sie in die Hirnrinde weitergeleitet werden. Beim Riechen verarbeitet im limbischen System

des Gehirns der Hippocampus das Geruchserlebnis und leitet es zur Abspeicherung im Langzeitgedächtnis in die Hirnrinde. Gleichzeitig bewertet die Amygdala das Ereignis auch emotional. Evolutionär ist diese Kombination sinnvoll, denn negative Erinnerungen in Verbindung mit Gerüchen, z. B. von verfaultem Fleisch, konnten lebensrettend sein. Geruchserinnerungen sind emotional und bewegend. Gerüche wie der von Sommerregen auf Asphalt, von frisch gesägtem Holz oder Gartenerde können ein Auslöser sein. Ob die Wirkung wohltuend und somit stresslösend ist, hängt davon ab, ob die Geruchserinnerungen mit einem positiven oder negativen Erlebnis verknüpft sind. Versteckspielen im Dschungel des großelterlichen Gartens, das Gefühl des Stolzes, wenn man als Kind eine echte Hilfe beim Rasenmähen sein konnte, der Duft der Rosen, die die Mutter gerne in die Vase im Wohnzimmer stellte – gute Gefühle, die Kraft geben, wenn sie wiedererwachen.

Aromagarten

Unterschiedliche Tageszeiten, Aroma-hotspots, Nässe und Trockenheit, Witterungsverhältnisse, Jahreszeiten der Duft eines Gartens hängt von vielen Faktoren ab, auch von der individuellen Fähigkeit zu riechen. Wer seine Nase trainieren möchte, kann einmal mit verbundenen Augen durch einen Garten gehen. Der Weg wird sich anders einprägen.

Aromatherapie und reinigendes Räuchern

Viele Pflanzen, bzw. ihre ätherischen Öle, haben eine heilende Wirkung. Als Tee zubereitet wirken sie auf den Körper, verräuchert man sie, wirken sie zudem auf Geist und Seele.

Räucherpflanzen

- Baldrian wird seit jeher zur Beruhigung und Stärkung der Nerven eingesetzt. Seine unverwechselbar penetrant riechende Wurzel wird im Herbst geerntet. Sparsam verräuchert verleiht sie eine gewisse Leichtigkeit.
- Dost vertreibt Kummer und Sorgen. Das verräucherte Kraut ist nervenstärkend und verleiht Mut und Ausdauer.
- Holunderblüten duften süßlich. Verräuchert man sie, wirken sie selbstwertsteigernd und bringen Freude und Zufriedenheit.
- Mariengras gehört zu den ältesten heimischen Räucherkräutern. Harmonie und Zufriedenheit breiten sich aus, sobald man seinen Rauch schnuppert, Geborgenheit, Leichtigkeit und Wärme.

Ätherische Öle verwenden

Früher hatten Damen immer ein Riechfläschchen zur Hand: Drohte eine Ohnmacht, öffnete man dessen Verschluss und atmete tief ein. Inzwischen ist das Riechfläschchen zwar aus der Mode, es wurde von der Aromatherapie abgelöst. Sie beruht auf uraltem Wissen über die Wirkung bestimmter Düfte auf das körperliche und seelische Wohlbefinden. Fast 300 ätherische Öle aus Blüten, Blättern, Schalen und Hölzern kommen zur Anwendung, von Rosmarin und Melisse, Lavendel und Wacholder bis hin zum Zitronengras. Ätherische Öle enthalten Wirkstoffe in solch konzentrierter Form, dass sie nie unverdünnt angewendet werden dürfen. Stattdessen werden sie mit einem neutralen Öl (zum Beispiel Jojobaöl oder Mandelöl) verdünnt. Über spezielle Aromalampen lässt sich ihr wohltuender Duft dann im ganzen Raum verteilen. Oder man träufelt ein paar Tropfen ins warme Badewasser, legt damit beträufelte Kompressen auf oder massiert sie ein.

Der Gehalt an ätherischen Ölen einer Pflanze bestimmt mitunter, wie stark sie für unsere Nase duftet. Manche Duftpflanzen sind stark duftend und wären dadurch zum Beispiel auch geeignet, Stadtgerüche zu überdecken. So beispielsweise das Wald-Geißblatt.

Es ist aufgrund seiner starken Nektarproduktion nicht nur eine wertvolle Bienenpflanze, sondern im Mai und Juni duften seine röhrenförmigen Blüten sehr intensiv. Leider bei uns nicht winterhart ist der Gewöhnliche Jasmin, der ebenso überwältigend süßlich duftet wie die Königslilie, die unseren Winter übersteht, deren Austrieb allerdings gegen Spätfröste geschützt werden muss.

Chakren-Öle

Das ätherische Öl des Jasmin wirkt über das Scheitelchakra und fördert die Hingabe. Analog ist jedem der sieben Chakren ein Chakren-Öl zugeordnet. Mit diesen Essenzen kann der Chakren-harmonisierende Effekt einer Massage verstärkt werden. Dies sollte in entspannter, meditativer Stimmung geschehen. Lassen es Witterung und Temperatur zu, gerne auch im Garten oder in freier Natur.

Auch die Aromatherapie ist ein gutes Mittel, um Ängste und Unruhe zu mildern, Nerven, Herzschlag und Atemfrequenz zu beruhigen und den Schlaf zu fördern.

Duftende Kräutertees

Von jeher machten sich Menschen die Heilkräfte der Natur zunutze. Heilkundige Personen sammelten ober- oder unterirdisch wachsende Pflanzenteile, je nach gewünschter Wirkung zu bestimmten Tages- und Jahreszeiten, um sie getrocknet oder frisch anzuwenden. Altes Wissen, das weitergegeben wurde.

Tee und Terpene

Tee ist die wohl bekannteste Art, die Heilkraft der Pflanzen zu nutzen. Wurzeln, Blüten oder Blätter werden mit heißem Wasser überbrüht oder kalt ausgezogen und je nach gewünschter Wirkung unterschiedlich lange ziehen gelassen. Tee aus Schafgarbenblüten tut zum Beispiel Frauen mit Unterleibsbeschwerden gut. Kamille ist ein wahrer Tausendsassa, der in verschiedenen Zubereitungen, aber vor allem als Tee und Dampfbad, sowohl äußerlich wie innerlich antibakteriell und entzündungshemmend wirkt. Das Geheimnis auch ihrer Heilkraft sind die ätherischen Öle. Ein wichtiger Bestandteil der ätherischen Öle sind Terpene. Auch Bäume verströmen sie. Im Wald steigt die Konzentration der Terpene ab April/Mai stark an und erreicht ihr Maximum zwischen Juni und August. In Bodennähe und bei feuchtem Wetter ist Waldluft besonders reich an Terpenen. Bäume zu umarmen und damit zu beschnuppern ist also keine Spinnerei, sondern hat definitiv medizinische Effekte: Die Rinde der Bäume gibt jene Terpene ab, die das menschliche Immunsystem stärken. Wer einen Baum umarmt, atmet die Terpene ein und nimmt sie über seine Haut auf.

Das Kind

Duftende Blüthen aus freundlicher Höh'
säuseln hernieder wie glänzender Schnee;
sieh, wie die Schwalbe mit silberner Brust
fliegt an dem Teiche voll spielender Lust!

Schon sind am Wege die Büsche belaubt,
Vögelchen singen, es summt mir ums Haupt
freundlich der Käfer, und dort durch das Grün
rauschte die bunte Libelle dahin.

Welche Gerüche! woher? O, gewiss
find' ich Violen; sie duften so süß!
Sieh, wie sie blühen! Geschwind, o! geschwind
Kränze, bekränze das fröhliche Kind!

Sophie Friederike Mereau (-Brentano)
(1770–1806)

Harmonie des Duftgartens

Das Konzept der Duftfamilien

Der Biologe Bernd Dittrich begann 1997 nordwestlich des Bodensees einen Schaugarten anzulegen. Hauptsächlich unter dem Aspekt des Duftes. Grundsätzlich lassen sich Pflanzendüfte grob in Kategorien aufteilen. Diese gilt es geschickt zu kombinieren, damit keine Dissonanzen entstehen zwischen schweren Düften, wie denen der Lilien, aromatischen Düften, wie denen der Nelken, Veilchendüften, wie denen der Resede, fruchtigen Düften, wie denen der Gras-Iris oder Honigdüften, wie die des Mädesüß. In seinem Syringa-Schaugarten hat Dittrich deshalb Pflanzen mit ähnlichen Düften unter Berücksichtigung ihrer Ansprüche und Wuchseigenschaften zusammengefasst. Herausgekommen sind Aromagärten, die den atmenden Besucher in Erstaunen versetzen und zum Nachahmen anregen. Schon einzelne Vertreter der Gruppen können einen blühenden Miniduftgarten ergeben.

Für den Schokoladenduft-Garten
Schokoladenblume (*Berlandiera lyriata*), Schokoladen-Kosmee (*Cosmos atrosanguineus*), Schokoladen-Iris (*Iris barbata elatior* ›Chocolate‹), Korsische Minze (*Mentha requienii*).

Tatsächlich ist es gar nicht so einfach einen »sinnvollen« Duftgarten zu kreieren. Dazu braucht es gärtnerisches und botanische Wissen sowie den Spürsinn eines Parfumeurs.

Zitronenfrisch duftende Pflanzen

Drachenkopf (*Dracocephalum moldavicum*), Zitronenbasilikum (*Ocimum americanum*), Gewürztagetes (*Tagetes tenuifolia* ›Orange Gem‹), Duft-Katzenminze (*Nepeta govaniana*), Zitronen-Thymian (*Thymus × citriodorus*), Zitronenverbene (*Aloysia triphylla*), Gras-Iris (*Iris graminea*).

Nachtduftende Pflanzen

Nachtviole (*Hesperis matronalis*), Mondviole (*Lunaria rediviva*), Gemshorn (*Matthiola bicornis*), Levkoje (*Matthiola incana* ›Zagreb‹), Leimkraut (*Silene italica*), Abendstern (*Mentzelia decapetala*), Duft-Nachtkerze (*Oenothera odorata*).

Minzgarten

Kärntner Minze (*Mentha × carinthia*), Pfefferminze (*Mentha × piperita*), Thai-Minze (*Mentha* spec. ›Thai Bai Saranae‹), Polei-Minze (*Mentha pulegium*) etc.

Duftsträucher

Winterduftschneeball (*Viburnum × bodnantense*), Duftforsythie (*Abeliophyllum distichum*), Duftheckenkirsche (*Lonicera fragrantissima*), Japanisches Geißblatt (*Lonicera japonica*), Samtflieder (*Syringa velutina* ›Miss Kim‹), Bauernjasmin (*Philadelphus coronarius*), Sommerflieder (*Buddleja davidii*).

Die Chemie muss stimmen

Düfte sagen mehr als tausend Worte – sie sind unterbewusst ablaufende Kommunikation. Auch in unserer modernen Zeit spielt diese »Duft-Kommunikation« eine wichtige Rolle. Die Nase hat das beste »Gedächtnis« überhaupt und ein angenehmer Duft zaubert jedem ein Lächeln auf die Lippen.

Duftalarm

Pflanzen kommunizieren erfindungsreich durch Aussehen und Duftstoffe. Könnten wir dies hören, herrschte in Wald und Flur vermutlich ein gewaltiges Geschrei. Manche Pflanzen locken sogar mittels Duftstoffen die Feinde ihrer Feinde an. Welche Duftmischung die Pflanzen dafür produzieren, hängt von der Art des Schädlings ab. Damit das Duftsignal von den Empfängern verstanden wird, muss die Pflanze zunächst über den Kontakt mit seinem Speichel den Fressfeind identifizieren. Das löst in den Pflanzenzellen eine Kaskade biochemischer Reaktionen aus, die Gene aktivieren und damit die Produktion eines genau auf den Schädling abgestimmten Geruchsstoffs auslösen, der die passenden Räuber

alarmiert. Auch für Menschen ist ein Duft das unmittelbarste und nachhaltigste Kommunikationsmedium, denn ob »Duft« oder »Gestank«, beide erzeugen schneller als jeder andere Sinnesreiz Emotionen, ganz ohne rationale Filter. Erinnerungen und Wünsche werden wach und beeinflussen unser Verhalten. Diese Reaktionen sind sehr individuell, weswegen die Duftwelt eines Gartens oder Parks von verschiedenen Menschen sehr unterschiedlich erlebt wird. Doch hat man seinen Lieblings-Duftgarten gefunden, verwöhnt er einen mit positiven und entspannenden Emotionen. Über Düfte Erinnerungen und Emotionen zu wecken macht man sich auch in der Medizin und Pflege vermehrt zunutze, insbesondere für eine leichtere Kommunikation mit Autisten und Demenzkranken.

Was riech ich da?

Duftpflanzen werden unterschieden in Standortdufter, Wanderdufter, Nachtdufter und immergrüne Immerdufter. Oder nach ihren unterschiedlichen Duftrichtungen: blumig, fruchtig, würzig, harzig (siehe Syringa-Schaugarten). Lassen Sie sich davon überraschen, wie entspannend es ist, sich auf eine Gartenbank zu setzen oder ins Gras zu legen, die Augen zu schließen und sich ganz auf die Wahrnehmung der Gerüche zu konzentrieren. Jeder Garten, jeder Park ist durchduftet, man muss sich nur die Muße gönnen, dies bewusst wahrzunehmen. Macht man diese Meditationsübung zu zweit, kann man sich anschließend über das Wahrgenommene austauschen. Stressabbau als Partnerübung.

Platzierung von Duftpflanzen

- Sehbehinderten Menschen helfen immergrüne Immerdufter wie z. B. eine Zwergbalsamtanne an markanten Punkten bei der Orientierung.
- Aromatische Berührungs- oder Kontaktdufter wie Lavendel, Schnittlauch, Salbei oder Pelargonien sind ideal für die Gestaltung von Duftpfaden, an denen Entspannungssuchende jeden Alters Freude haben.
- Ein Duftrasen aus Rasenkamille, Quendel oder Zitronenthymian ist ein Ruheplatz der besonderen Art.
- Duftende Sträucher wie Bauernjasmin oder Kartoffelrose gehören in die Nähe der Terrasse oder des Hauseingangs, so hat man mehr davon.

Der Lieblingsduft aus dem eigenen Garten

Jede Pflanze gibt zu verschiedenen Tages- oder Jahreszeiten andere Duftstoffe ab. Der eigene Garten kann also nach den Zeiten, in denen man sich darin aufhält oder einem Thema entsprechend gestaltet werden.

Vertraute Gartendüfte

Die Duftmoleküle können in allen Pflanzenteilen eingelagert sein: in Blüten, Blättern, Früchten, Nadeln, Rinde oder in der Wurzel. Geht es aber um Gartendüfte, denken wir zunächst an den Duft von Blumen wie Rosen oder Maiglöckchen, doch es gibt im Garten viel mehr zu riechen: feuchte Erde nach einem Regenguss, frisch gemähtes Gras, frischer Mulch und auch der Komposthaufen verströmen intensive Gerüche. Seinen Feierabend umhüllt von den Düften der Natur zu verbringen, senkt den Blutdruck, stärkt das Immunsystem und fördert den alltäglichen Stressabbau.

Das »Mondscheinbeet«

Es gibt etliche Pflanzen, die ihren Duft erst gegen Abend oder in der Nacht entfalten. So mancher Dichter schwärmte vom würzig-süßen Duft der alten Bauerngartenpflanzen Levkojen und Nachtviolen. Abend- und Nachtdufter locken mit ihrem Duft Motten und Nachtfalter – besonders die Nachtschwärmer – zur Bestäubung an. Da es abends oft windstill ist, wird ihr abendliches Duftpotpourri gerade für Berufstätige, die erst abends den Duft ihrer Pflanzen genießen können, zu einem besonderen Erlebnis.

So wie die Schokoladenblume nach Schokolade duftet, tragen manche der abends oder nachts duftenden Pflanzen diese Eigenschaft bereits im Namen. Die einjährige Nachtkerze öffnet ihre Blüten im Zeit-

raffertempo und entfaltet anschließend einen überwältigend zitronenfrischen Duft. Das intensiv duftende Laub des Pontischen Wermuts zeigt sich nach einem Regen als silbrig wogender Duftteppich. Die Echte Zaunwinde gehört ebenfalls zu den Abendduftern. Teilweise irreführend ist dagegen der Name der Zitronen-Taglilie, deren reich verzweigter Blütenstand mit seinen hellgelben schmalen Blüten sich erst in der Abenddämmerung öffnet, dann aber über Nacht intensiv nach Zitrone duftet. Die weißen, großen Blüten der Mondwinde, die auch Gute-Nacht-Blume genannt wird, duften nachts ganz köstlich und wetteifern in ihrer Leuchtkraft mit dem Mond. Bei Anbruch des Abends entfalten sie sich ganz langsam und schließen sich bei Sonnenaufgang wieder. Leider ist die Mondwinde sehr frostempfindlich, weswegen sie nur für eine Kultur im Kübel geeignet ist. Weitere Blüten der Nacht finden Sie auch auf Seite 73. Pflanzen Sie mit diesen doch ein spezielles »Mondscheinbeet« unter Ihr Schlafzimmerfenster oder am Rand Ihrer Terrasse.

Duftfarben!

Der erste Eindruck eines Gartens sind seine Farben, der zweite sein Geruch. Blumig, seifig, minzig, holzig – lieblich oder penetrant – Gärten sind Duftschätze.

Den Garten schmecken – gustatorische Erlebniswelt

Zwar ist unser Geschmackssinn vergleichsweise schwach ausgeprägt, doch was der Garten ihm anzubieten hat, ist Genuss pur und das in unbändiger Vielfalt.

Wissen wo's wächst

In einer Zeit, in der man kaum noch weiß, was in unseren Nahrungsmitteln drin ist, und kleinstgedruckte Zutatenlisten kaum zu entziffern, geschweige denn zu verstehen sind, wird der Eigenanbau zur sicheren Alternative. Zu wissen, wo das Essen herkommt und wie es gewachsen ist, beruhigt. Und das Ernten von Obst und Gemüse gehört zu den schönsten Gartenerlebnissen überhaupt.

Was man selbst sät, schmeckt

Convenience Food aus der Mikrowelle und Fast Food to go – das bekommt uns nicht und macht uns krank. Daher kommt die Sehnsucht nach Landleben und Selbstangebautem. Die dafür notwendige Gartenarbeit entschleunigt überdies nachhaltig und befreit von übersteigertem Perfektionsdruck. Denn die Natur ist niemals »fertig«. Alles ist im Fluss, im Wachstum, voneinander beeinflusst und stark von der Witterung abhängig. Ein afrikanisches Sprichwort sagt: »Das Gras wächst nicht schneller, wenn man daran zieht.« Ganz entspannt kann man säen, die Pflanzen beim Wachsen begleiten und schließlich ernten und genießen. Gemüse, Obst und Kräuter bieten alle Geschmacksrichtungen. Jeder kennt Süß und Sauer, Bitter und Salzig. Umami nennt man die Intensität, die Würzigkeit des Geschmacks und im Ayurveda zählt man noch die Schärfe zu den Geschmacksrichtungen.

Süßes oder Saures?

Scharfe Peperoni im Garten zu ziehen ist gar nicht so schwierig, vorausgesetzt man findet ein sonniges, windgeschütztes Plätzchen. Die Säure von Rhabarber, der mit seinen roten Stielen eine Zier im Beet ist, prickelt auf der Zunge. Süß und sehr intensiv in ihrem Geschmack sind Walderdbeeren. Zwar sind ihre Früchte sehr klein, doch tragen sie von Mai bis Juli kontinuierlich aromatische Früchte. Endivien empfinden viele Menschen als sehr bitter, doch gerade diese Bitterstoffe regen die Verdauung an und sorgen für aromatische Abwechslung.

Besonderes zum Probieren

- Süß: Nachtkerzen-Wurzeln als Gemüse zubereitet oder gekocht im Salat, Stevia-Blätter für Nachspeisen.
- Sauer: Sanddornfrüchte als Mus oder Saft (über Vanilleeis); Kornelkirschen als Marmelade oder Saft; Schlehen als Saft oder Likör.
- Würzig: junge Bärenklau-Blätter in Mischgemüse oder Suppe; gehackte Brunnenkresse-Blätter unter Weichkäse

gemischt; getrocknete Dost-Blätter als Gewürz für Pizza oder fette Speisen.
- Scharf: Bärlauch-Blätter in Quark; Pastinaken-Blätter als Salatgewürz.
- Bitter: Beifuß als Gewürz zu fetten Speisen; Beinwell wie Spinat zubereitet; Bitterkresse im Eintopf.
- Salzig: Europäischer Queller und die Austernpflanze schmecken salzig-fischig.

Kloster- und Bauerngärten

Auch wenn man im Mittelalter noch grundsätzlich zwischen »hortus conclusus«, dem umfriedeten Gärtchen zur religiösen Erbauung und dem »hortus amoenus«, dem lieblichen Garten, unterschied – Albertus Magnus beschrieb dies beispielhaft – entwickelte sich parallel dazu eine Gartenkunst ganz anderer Art: der Klostergarten.

Heilkraft und Nahrung

Klöster waren Anlaufstelle für gesundheitliche Fragen. Ganz besonders die Benediktiner taten sich mit heilkundlichen Gärten hervor. Bereits im 9. Jahrhundert hielt der Benediktinermönch Walahfrid Strabo seinen auf der Insel Reichenau angelegten Garten in dem Werk »Hortulus« fest. Hildegard von Bingen (1098–1179) begründete die visionäre Lehre, dass Kräuterheilkunde und eine stabile Seele gesund machen. Jenseits der Heilwirkung mussten die Pflanzen im Klostergarten aber auch die Mönche bzw. Nonnen ernähren. Über die Erfahrungen, die die Klosterbewohner mit der Kultur, teilweise auch »neuer« fremdländischer Nutzpflanzen machten, fanden diese schließlich auch den Weg in die Bauerngärten der Zeit.

Frühe Bauerngärten

Vor 1900 sahen die Gärten der Bauern nicht so aus, wie man sich heute einen idealtypischen Bauerngarten vorstellt. Vielmehr grenzten die Acker- und Weideflächen direkt ans Haus oder gingen in Gemüsebeete über. Im 20. Jahrhundert nahm der Einfluss der Klöster auf die Bearbeitung der bäuerlichen Gärten zu. Der Bauerngarten, wie wir ihn heute kennen, mit überwiegend Gemüse und Kräutern in einer eingefriedeten geometrischen Anlage mit rechteckigen, durch Buchs eingefassten Beeten und einem Wegekreuz, ist allerdings als idealtypisches romantisches Konzept Anfang des 20. Jahrhunderts im Botanischen Garten Hamburg entstanden und hat sich nicht aus den bäuerlichen Gärten heraus entwickelt.

Die Mikro-Ausgabe historischer Gärten

Kleiner Hildegard-Garten

Anis, Ysop, Wermut, Scharlachsalbei, Zitronenmelisse, Dill und Liebstöckel im Kräuterbeet sorgen für ständigen Nachschub in der Küche, dienen als Basis für selbst hergestellte medizinische Hausmittel wie Tees und Tinkturen und schmecken herrlich.

Bauerngarten im Hochbeet

Für ein Hochbeet als Gartenersatz empfiehlt sich ein so hübscher wie leckerer Mix aus Gemüse wie Salat, Kohl, Pastinaken, Lauchzwiebeln, Buschbohnen, Mangold und Roter Bete und essbaren Blüten wie Kapuzinerkresse, Borretsch, Malven und Ringelblumen.

Der Nutzgarten

Die Landlust ist ungebrochen, Bauerngärten erleben eine Renaissance. Im Nutzgarten geht es heute aber nicht so sehr um die schiere Menge, sondern Selbstanbau steht wieder hoch im Kurs bei all jenen, die genau wissen wollen, was auf ihren Teller kommt und woher. Selbstgezogenes macht als Keimling schon Freude und schmeckt einfach besser.

Obst und Gemüse zum Genießen

Zu Beginn des 19. Jahrhunderts legten wohlmeinende Grundbesitzer Armengärten an, um Hunger und Verarmung entgegenzuwirken. Mitte des 19. Jahrhunderts entwickelten sich die ursprünglich als gesunde Beschäftigungs- und Bewegungsmöglichkeit für Schulkinder gedachten »Schrebergärten« zu Orten auch für die ganze Familie weiter. Nach 1945 wurden extra Kleingartenanlagen ausgewiesen, um der Bevölkerung eine bessere Ernährung zu ermöglichen. Heute sind es Urban Gardening Initiativen, die für eine natürlich und regional kultivierte Nahrung brachliegenden städtischen Raum nutzen. Wie auch die Bauerngärten auf dem Lande waren und sind all diese Gartenformen eng mit Essen und Genuss verbunden. Und heute mehr denn je auch mit dem guten Gefühl, umweltbewusst zu handeln.

Neben der Nahrungsmittelgewinnung bietet Gartenarbeit die Möglichkeit, aus dem Arbeitsalltag herauszutreten, ganz nebenher und doch bewusst die eigenen Gedanken, Ideen und Gefühle zu sammeln und zu ordnen. Ob Groß oder Klein, jeder lernt im Garten täglich Neues. Obst, Gemüse oder Kräuter zu kultivieren und anschließend zuzubereiten ist stimulierend und inspirierend. Selbst gezogene Erdbeeren auf der Zunge zergehen lassen, schmecken wie sich die zarte Süße im Mund verteilt, die leichte Säure im Hintergrund wahrnehmen, das sind geradezu meditative Erlebnisse. Auf die man zwar wochenlang warten musste, bis der richtige Zeitpunkt zum Pflücken erreicht ist, doch umso erfüllender sind diese Momente.

Kleinstgärtnern

- Aus Tetrapaks werden Pflanzgefäße: Den Boden abtrennen, die Tüten umgedreht aufhängen und mit Erde befüllen. Durch Öffnen des Schraubverschlusses das überschüssige Gießwasser ablaufen lassen.
- Alte Holzkisten oder Klappboxen mit größeren Plastiktüten auskleiden. Wasserabzugslöcher hineinbohren. Mit Erde füllen.

- Für Kinder: Aus zwei Plexiglasscheiben und Kanthölzern ein »Regenwurmhotel« bauen. Erst eine Schicht Gartenerde einfüllen, auf die dann regelmäßig »Futter« füllen: unbehandelte pflanzliche Küchenabfälle und gesammeltes Laub. Mit einem dunklen Tuch abdecken und ab und an nachschauen, wie das Futter verschwindet und die Wurmgänge betrachten.

Um selbst Gemüse oder Obst anzubauen braucht man nicht zwingend einen großen Garten. Vieles, was im Bauerngarten wächst, kann auch in improvisierten oder mobilen Pflanzgefäßen herangezogen werden. Alte Paletten werden zum Hochbeet oder auch Gemüseregal für Radieschen, Kräuter oder Pflücksalat. Auch alte Konservendosen, Eimer oder Tetrapaks können hier eine Zweitnutzung finden. Es lebe kreatives Upcycling jeder Art! Viel falsch machen kann man nicht. »Klappt es heut nicht, klappt es morgen«, heißt die stressfreie Devise. Oder man fragt die ebenfalls kleinstgärtnernden Balkonnachbarn nach ihren Erfahrungen und kommt so zwanglos mit ihnen ins Gespräch. Ist die Ernte dann überreichlich, kann man tauschen statt zu kaufen, oder sich zu einem gemeinsamen Picknick im Stadtteilgarten treffen.

Schmeckt!

Der Traum vom Selbstversorgergarten ist in Zeiten überall verfügbarer Nahrungsmittel nicht seltener geworden: Wir wollen wissen, wo unsere Nahrungsmittel herkommen, wollen sie wachsen sehen und am »Geschmack« beteiligt sein. Jeder, der schon einmal selbst Gezogenes gegessen hat, schwärmt von der einmaligen Qualität. Vielleicht mögen hier Wahrheit, Wunsch und Sehnsucht zueinanderkommen – kleine Gärten sind Oasen der Zufriedenheit.

Von der Hand in den Mund

Jeder Garten ist ein multisensorisches Erlebnis. Sobald die Früchte reifen, verhilft der Geschmackssinn zu den wohl schönsten und nachhaltigsten Wellnesserlebnissen. Süße Früchte warten auf dem sonnigen Beet und wollen vernascht werden. Vollgetankt mit Sonnenenergie zergehen sie auf der Zunge.

Naschobst

Naschobst sind all jene Gartenfrüchte, die auch unverarbeitet lecker schmecken. Dazu gehören Äpfel, Birnen, Pflaumen, Mirabellen, Kirschen und Beerenobst wie Himbeeren, Johannisbeeren, Stachelbeeren und Blaubeeren, aber natürlich auch Erdbeeren, vor allem die Monatserdbeeren. Naschobst bietet die Möglichkeit, – sozusagen im Vorbeigehen – frische und reife Früchte direkt vom Strauch oder Baum zu naschen. Dabei macht es keinen Unterschied, ob das Obst im Garten, im Kübel auf der Terrasse oder auf dem Balkon wächst. Will man das Naschen erleichtern, wählt man besonders bei Bäumen kleinwüchsige Formen.

Obst und Wildes

Nicht nur Obst kann man frisch geerntet genießen, sondern auch etliche Wild- und Küchenkräuter und Gemüse sind Leckerbissen von der Hand in den Mund. Die zarten Blüten von Duftveilchen, Gänseblümchen, Borretsch, Tagetes, Malven, Schnittlauch, Ysop, Thymian und Salbei werden zu buntem Konfetti auf Butterbroten, über Salaten oder zur Dekoration am Tellerrand. Mitessen erwünscht! Die jungen Blätter folgender Wildpflanzen kann man ebenso naschen oder mit ihnen einen Salat geschmacklich aufpeppen: Sauerampfer, Birke, Brunnenkresse, Dost, Walderdbeere, Gänsefingerkraut, Große Brennnessel, Spitzwegerich, Hirtentäschel und nicht zu vergessen Löwenzahn. Und diese Liste ist nicht annähernd vollständig.

Im Herbst lohnt es, sich nach herabgefallenen Walnüssen und Haselnüssen zu bücken. Der geschmackliche Unterschied zu gekauften Nüssen ist beachtlich. Wer das Glück hat, sich bei einem Spaziergang an Wald- oder Feldrändern erholen zu können, nasche im Vorbeigehen Schlehen, Kornelkirschen, Brombeeren oder Wildbirnen. Doch Vorsicht vor Traubenkirschen, sie sind roh leicht giftig.

Snack-Gemüse

Im Garten gedeihen viele Gemüsearten, mit denen sich gute Kindheitserinnerungen verbinden. Welche Freude, Zuckererbsen aus der Schale zu puhlen, um sie in den Mund kullern zu lassen und stets aufs Neue von ihrer Süße überrascht zu sein. Karotten sind knackige Pausensnacks: aus der Erde ziehen, abwaschen, fertig. Paprikaschoten sind knackige Vitaminbomben. Und die Vielfalt an Tomaten macht ihren Genuss zu einem sinnlichen Event. Es gibt große (Ochsenherz) oder kleine, zuckersüße Sorten (Cocktailtomate ›Sungold‹ F1). Es gibt gelb marmorierte (›Ananas‹) bis zu schwarzrote Sorten (›Schwarze Krim‹). Es gibt längliche (Andenhörnchen) und gefurchte Formen (›Costoluto Genovese‹) oder in Trauben reifende Balkontomaten (›Losetto‹, ›Mascota‹). Für wirklich jeden Geschmack ist etwas dabei!

Heilgarten
Gesundheit zum Genießen

Ein Garten ist nicht nur ein Ort für Entspannung und Stressabbau, sondern war immer schon Hort zahlreicher Heilpflanzen, deren gesundheitsfördernde Eigenschaften nicht vergessen werden sollten. Natürliche Medizin aus dem eigenen Garten ist frisch zur Hand, wenn man sie braucht.

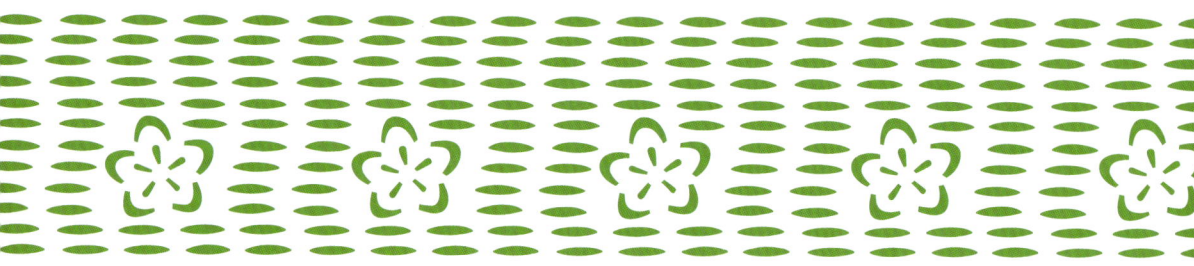

Hildegard-von-Bingen-Kräuter

Eine der bekanntesten Naturheilkundigen ist die Äbtissin Hildegard von Bingen, die im 11. Jahrhundert lebte und sich besonders für im Garten kultivierbare Heilpflanzen interessierte. In den von ihr hinterlassenen Schriften beschreibt sie die Wirkung von über hundert Küchenkräutern und Pflanzen. Bis heute kann man sich in speziell angelegten Hildegard-Gärten informieren und inspirieren lassen. Da steht dann vielleicht der Frauenmantel am Wegesrand, der gegen Frauenbeschwerden und Krämpfe allgemein hilft. Daneben leuchten die zarten gelben Blüten des Schöllkrauts, das gegen Warzen wirkt. Sicher findet sich auch Kampfer, der Gebetbuchkraut genannt wird, denn früher rochen die Menschen in der Kirche an im Gebetbuch mitgebrachten Kampferblättern, um nicht einzuschlafen. Markant sind die getupften Blätter des Lungenkrauts, dessen Tee gegen Verschleimung hilft. Ein Fußbad mit Beifuß erfrischt nach langen Wanderungen oder wenn man viel stehen musste. Hildegard von Bingen empfahl aber vor allem, jeden Tag einen Fenchelsamen zu essen oder Fencheltee zu trinken, denn der mache ein fröhliches Gemüt.

Im Garten

Die hohen Himbeerwände
Trennten dich und mich,
Doch im Laubwerk unsre Hände
Fanden von selber sich.

Die Hecke konnt' es nicht wehren,
Wie hoch sie immer stund:
Ich reichte dir die Beeren,
Und du reichtest mir deinen Mund.

Ach, schrittest du durch den Garten
Noch einmal im raschen Gang,
Wie gerne wollt' ich warten,
Warten stundenlang.

Theodor Fontane (1819–1898)

Schmecke deinen Garten mit allen Sinnen

Synästhesie pur

In einem Naschgarten können Beeren ertastet und genossen werden. In einem Minzegarten dürfen Blätter gekostet werden. Auf der Haut zerrieben ergeben sie einen frischen, lang anhaltenden Duft, der auch vor Mückenstichen schützt. Wer Schokoladenminze riecht, wird zeitgleich den Geschmack von Schokolade auf der Zunge spüren. Der spritzige Duft von Zitronen sorgt augenblicklich für Mehrbildung von Speichel im Mund, weil Säure assoziiert wird. Ein Moosgarten wirkt sich beruhigend auf Gestresste aus, weil die ausströmenden Terpene der Urpflanze ganz besonders heilende Wirkung haben und schon von unseren frühzeitlichen Vorfahren als Medizin verwendet wurden.

Herb und schwer

Harzige Düfte verbinden wir gerne mit dem Geschmack von Plätzchen und Nüssen, weil uns der Geruch an den weihnachtlichen Tannenbaum erinnert. Süße schwere Blumendüfte sorgen für Lust auf Salziges. Zunge und Nase sind in einem Sinnesgarten extrem gefordert. Besonders sensible Menschen reagieren sogar mit Kopfweh auf schwere Düfte, wie die der Chrysanthemen oder Lilien.

Gärten können auf vielfältige Weise anregen. Viele Blütenblätter sehen nicht nur zauberhaft aus, sondern schmecken auch so. Manche Blume duftet, dass wir sie auf der Zunge haben.

Einen Garten schmecken, heißt auch immer ihn riechend und tastend begreifen. Nie schmecken Erdbeeren besser als eigenhändig gepflückt. Der Erdbeerduft bleibt noch lange an den Fingerkuppen hängen, die Erde noch lange unter den Nägeln, da sind die reifen Früchtchen schon lange verputzt. Doch jedes Schnuppern an den Fingerkuppen bringt die Geschmacksnerven wieder zum Schwingen. Den Kopf wieder zum Denken. Das sensorische Gedächtnis wird bereichert.

Anleitung zum Geschmacksgarten

Wer Blüten aus seinem Garten essen möchte, der sollte unbedingt die Erntezeiten beachten:

- Geerntet wird gleich nach dem Abtrocknen des Morgentaus, noch vor der Mittagshitze, weil sich sonst die ätherischen Öle verflüchtigen.
- Nur Blüten ungespritzter Pflanzen ernten.
- Blüten erst kurz vor der Verwendung pflücken, da sie schnell welken und rasch an Aroma verlieren. Blüten, die sich gerade geöffnet haben, entfalten das intensivste Aroma.
- Essbar sind meist nur die Blütenblätter. Daher sollte man alle grünen Blütenteile, Stempel und Staubgefäße vor der Verwendung entfernen.

Draußen essen

Wenn Essen nicht nur Nahrungsaufnahme ist, sondern in einer geselligen Runde stattfindet, kommt das kommunikative Element des Genusses hinzu. Sei es mit der Familie, mit Freunden oder Nachbarn: beim Tischgespräch – über Setzlinge oder über gegrillte Zucchini hinweg – verfliegt Stress sofort.

Lust auf Picknick

Im Gespräch Probleme von allen Seiten zu betrachten und abzuwägen, hilft bei ihrer Bewältigung. Dabei ist es egal, ob es um gärtnerische oder berufliche Stressmomente geht. Gespräche im Grünen, in Bewegung oder in gemütlicher Runde, sind messbar wohltuend und stresslösend. In vielen Kulturen gehören Essen und Gespräche unauflöslich zusammen. Bereits unsere Vorfahren saßen rund um das Lagerfeuer zusammen, um das Gejagte und Gesammelte zu teilen und zu verzehren. In alten Gemälden sieht man Großfamilien um lange Tische versammelt, im Garten unter dem Hausbaum miteinander tafelnd. In dieser Tradition stehen die »White Dinner«, recht formelle Massenpicknicks in Parks, die ihren Ursprung in Paris hatten.

Gemütlicher und zwangloser sind hingegen Biergärten, die zum bayerischen Kulturgut gehören, in denen man sich gänzlich formlos zu Speis und Trank und Gespräch zusammensetzt. Auch Gartenpartys – mit oder ohne Anlass – bieten Gelegenheit, im Grünen gemeinsam zu kochen und zu essen. Familien versammeln sich um Lagerfeuer. Die Kinder halten ihr Stockbrot über die Flammen zum Garen. Das Grillen erlebt eine Renaissance, die einen ganzen Wirtschaftszweig nährt. Der Mann am Grill ist wetterfest und grillt sogar den Winter hindurch vor der Kulisse des sich im weißen Winterkleid zeigenden Gartens. Dazu kommen übers Erntejahr konservierte Gartenfrüchte auf den Tisch und bringen Sonne ins Herz. Der gemeinsame Genuss fördert ein stärkendes, Schutz versprechendes Gemeinschaftsgefühl.

Raffiniertes aus dem Garten

Der Gourmet mit Garten lädt gerne zu zubereitetem Obst und Gemüse ein, dass er selbst im Garten angebaut und geerntet hat. Raffinierte Gastgeber servieren so zum Beispiel in Crêpes-Teig getauchte und in heißem Fett ausgebackene Süßdolden-Blüten.

In Öl oder Essig eingelegte Ysop-Blüten geben ein würziges Aroma für Dressings, Marinaden, Saucen oder zum Braten. Hingucker auf dem Teller sind je nach Geschmack süß oder pikant gefüllte Taglilienblüten.

Oder wie wäre es mit einer Duftnessel-Sangria für einen Spanischen Abend im Garten? Oder einem frischen Kräutertee aus Zitronenverbene, Marokkominze, Johannisbeer-Salbei oder Zitronenthymian?

Zusammen gärtnern und essen

- Guerilla Gardening erobert brachliegenden öffentlichen Raum für basisdemokratische, integrative Gartenprojekte.
- In diversen Programmen für Schulen und Kindertagesstätten bauen Kinder gemeinsam Obst und Gemüse an. Selbstverständlich gibt es das Erntegut lecker zubereitet in großer fröhlicher Runde.
- In interkulturellen Gärten stehen Völkerverständigung und Integration im Mittelpunkt. Menschen mit und ohne Migrationshintergrund gärtnern und kochen gemeinsam.
- In Programmen für Schulen (z. B. die Gemüseackerdemie, Gemüsebeet-Projekt der Edeka-Stiftung) bauen Kinder gemeinsam Obst und Gemüse an.

Die Fülle des Gartens verarbeiten

Wenn nicht gerade dick Schnee liegt, bietet die Natur zu jeder Jahreszeit die Zutaten für Gaumenfreuden. Sowohl aus Gesammeltem, wie auch selbst Angebautem lässt sich Köstliches zubereiten. Selbst gemacht schmeckt immer am besten.

Saisonale Küche

Im Frühling kann man die zarten jungen Blüten und Blätter für Salate nutzen, im Sommer kann man aus dem Vollen schöpfen. Das reife Beerenobst und Gemüse lockt. Im Herbst sind dann Kern- uns Steinobst bereit frisch verzehrt oder gebacken und eingemacht zu werden, wir kochen mit frischen Kräutern oder konservieren sie. Im Winter lassen sich aus der Nussernte oder aus spät reifenden Gemüsen wie Porree und Rosenkohl noch deftige und leckere Gerichte zaubern.

Frühling: Löwenzahnsalat

200 g Löwenzahnblätter waschen und trockenschütteln.
50 g Speckwürfel in 1 Esslöffel Öl in einer Pfanne knusprig braten. Auf Küchenpapier abtropfen lassen.
2 Toastscheiben in Würfel schneiden und im verbliebenen Bratfett goldbraun rösten. Aus 5 Esslöffeln Olivenöl, 2 Esslöffeln Weißweinessig, ½ Teelöffel aromatischem Senf, Salz und Pfeffer eine Vinaigrette anrühren.
Löwenzahnblätter, Speck- und Brotwürfel in einer Schüssel vermischen und direkt vor dem Servieren mit der Vinaigrette begießen.

Sommer: Erdbeerkonfitüre

1 kg Erdbeeren erst waschen, dann den Stiel entfernen. Halbieren, mit 500 g Gelierzucker 2:1 vermischen und über Nacht ziehen lassen. Für

das Aroma kann man eine längs halbierte Vanilleschote mitziehen lassen.

Den Saft einer Orange und einen geriebenen Apfel untermischen und alles für 4 Minuten zum Kochen bringen. Vom Herd nehmen.

Wer mag, rührt jetzt 2 Esslöffel Orangenlikör unter.

In saubere Gläser füllen, diese für 20 Minuten kopfüber abkühlen lassen, dann umdrehen und kühl und dunkel aufbewahren.

Herbst: Kräuterpaste

Kräuter waschen, gut trockentupfen, von ihren harten Stielen befreien, fein hacken, mit Salz und Öl mischen (100 g Kräuter, 1½ Teelöffel Salz, 100 ml Olivenöl). In einem sauberen Schraubdeckelglas im Kühlschrank aufbewahren.

Winter: Heiße Maroni

Selbst gesammelte oder gekaufte Esskastanien auf der gewölbten Seite kreuzweise einschneiden. 6 bis 7 Minuten in sprudelndem Wasser kochen. Abgießen und im vorgeheizten Backofen bei 200° C (Ober- und Unterhitze) 20 bis 25 Minuten rösten.

Geschmack!

Essen im Garten schmeckt anders als in geschlossenen Räumen. Der Duft von Pflanzen regt die Sinne an und lässt uns anders, »uriger« schmecken.

Den Garten fühlen – haptische Erlebniswelt

Gärten sind nicht nur zum Betrachten gedacht. Sie sind auch eine Einladung zum Berühren. Von Zupacken bis sanftem Streicheln ist alles erlaubt.

Kraft durch Tasten und Fühlen

Pflanzen üben per se eine Faszination aus, die uns vom Alltags ablenkt. Sie rühren an unsere Gefühle, laden dazu ein, sie mit all unseren Sinnen zu erfassen. Sie können betrachtet und beschnuppert werden. Man kann sie sich auf der Zunge zergehen lassen. Und man kann sie »begreifen«, also sie auch berühren und erspüren.

Aktives und passives Spüren

Die Haut ist unser größtes Sinnesorgan. Über sie stehen wir in direktem Kontakt zu unserer Umwelt. Über sie erfassen wir all die Abstufungen zwischen hart und weich, zwischen warm und kalt. Feinheiten wie spitz, scharf, instabil wahrzunehmen, kann lebenswichtig sein. Mit unserem Tastsinn – der sich nicht auf unsere Hände beschränkt! – können wir Strukturen erkunden und Formen erfassen. Unser Tastsinn liefert sowohl bewusste als auch unbewusste Wahrnehmungsmomente. Selbst wenn unser Bewusstsein seine Informationen »überhört«, so sammelt er doch fleißig weiter.

Berührung und Gefühle
Berührung und Gefühle sind eng verwoben. Ein Streicheln über die Haut kann positiv erregen, entspannen, kitzeln oder auch Angst hervorrufen. Doch die Berührungen, die dem Körper guttun, umarmen auch die Seele und wirken Stress abbauend. Die Natur eines Gartens bietet die Möglichkeit, in entspannter Umgebung Zustandsunterschiede in der Wahrnehmung zu entdecken, sich fallen zu lassen, mit geschlossenen Augen auch den eigenen Körper bewusst zu spüren.
Babys spüren über den Mund. Tun Sie es ihnen nach! Was in den Mund wandert, hat nicht nur einen eigenen Geschmack, sondern es fühlt sich auf der Zunge auch völlig unterschiedlich an. Zwischen einer reifen Erdbeere und einem Kirschkern liegen Welten. Doch erst am ganzen Körper über die Haut erspürt wird Natur richtig vielfältig und zu einer grünen Seelenmassage.

Kleine Fühlexperimente

- Die Finger oder auch die Füße in einen kleinen Wasserfall halten und spüren, wie das Wasser auf die Haut trifft und an ihr herabläuft. Ist es warm oder kalt?
- Mit der Hand über das Grün einer Rasenfläche streichen und spüren, wie die Halme sich unter der Bewegung wegducken und danach wieder aufrichten. Ist das Gras noch feucht vom Morgentau?
- Mit dem Rücken an einen Baum lehnen und spüren, ob er fest verwurzelt ist und stark genug gewachsen, um mich zu stützen. Tut es meinem Rücken gut, wenn ich mich an der Baumrinde reibe?
- Das Blatt einer Stechpalme zwischen den Fingern wenden und erspüren wie glatt und stabil es ist und wie wehrhaft seine Spitzen sein können. Will ich genauso sein?

Berührgärten – wer tut hier wem gut?

Seit dem 17. Jahrhundert ist in Japan das »Mugifumi« bekannt. Was sich hinter dem lautmalerischen Wort verbirgt, ist tatsächlich Pflanzenstreicheln. Dazu werden extra Kindergruppen auf die Getreidefelder geschickt. Die scheinbare Störung hält das Getreide aus, es hat sogar Vorteile davon.

Der physiologische Hintergrund

Der Braunschweiger Biologe Theo Lange entdeckte das für die Reaktion auf die Berührung zuständige Pflanzengen AtGA2ox7. Dieses initiiert bei Aktivierung die Bildung eines Enzyms, das die Synthese von Gibberellinsäure hemmt, einem Pflanzenhormon, das fürs Wachstum zuständig ist, berichtete auch das Fachblatt Nature. Das durch Berührung ausgelöste langsamere Wachstum macht die Pflanzen robuster und widerstandsfähiger gegen Viren und Pilze. In der Natur erledigt solches Pflanzentraining der Wind. In unseren Gärten können auch wir durch Berührung Pflanzen eine Botschaft geben, die sie robust macht. Allerdings reagieren nicht alle Pflanzen gleich darauf und es muss schon bei der Jungpflanze begonnen werden, sagt Yasemir Tasdemi, Wissenschaftlerin an der Staatlichen Lehr- und Versuchsanstalt für Gartenbau in Heidelberg. Was wir auf unserem Balkon oder im Garten durch zarte Berührung mit den Händen oder gar einem etwas altertümlichen Staubwedel erledigen, könnte in Zukunft in der industriellen Landwirtschaft ganz ohne Chemie durch Lufthauchstimulation erledigt werden.

Pflanzen zu berühren, ist eine ganze Zeit lang eher der Esoterik zugeschrieben worden. Bäume umarmen und Rinden streicheln ist heute allerdings eine wissenschaftlich begründete Therapie. Dass das Energiegeschenk nicht einseitig ist, bestätigen auch Forschungen ganz anderer Art. Das Berühren von Pflanzen sorgt für Stressabbau und das nicht nur für besonders veranlagte Menschen. Tatsächlich geht von der Berührung mit Pflanzenmaterial heilende Wirkung aus. Stress wird gesenkt, wie eine Studie des japanischen »Journal of Physiological Anthropology« aus dem Jahr 2014 belegt.

Pflanzenstreicheln: eine Win-Win-Situation

Im Garten

• Wer also seine Pflanzen streichelt, erzeugt nicht nur robustere Pflänzchen, sondern bringt sich selbst in einen entspannten Gemütszustand. Für den Hausgebrauch heißt das: Berühre deine Pflanzen, es wird zum beiderseitigen Nutzen und Vergnügen sein.

In der Natur

• Wer keinen Garten hat, geht in den Wald: mit der Hand über die plüschähnlichen Strukturen eines bemoosten Baumstamms zu fahren, stimuliert Hirn, Haut und Gemüt positiv. Und wenn es dem Moos nicht nützt, wird es ihm wenigstens nicht schaden.

Garten der Vielfalt

Ein Garten muss nicht ordentlich sein, ein Park nicht gepflegt, um dem Tastsinn zu gefallen. Tief im Matsch zu wühlen, ist eine sehr sinnliche Erfahrung, von der Kinder nie genug bekommen können. Unter einem Baum zu liegen und zu spüren, wie ein Windhauch durch die Härchen auf den Armen streicht, ist Urlaub für die Seele.

Oberflächen spüren

- Unterschiedliche Wegbeläge werden zu einem »Fußfühlpfad«: Sand, Kies, Rindenmulch, gepflastert, durch eine gemähte Wiese oder ein Waldweg dicht mit Tannenzapfen übersät.
- Begehbare Grünflächen müssen kein kurz geschorener Golfplatzrasen sein: Moos und Wildkräuter zulassen, bewusst andere Bodendecker auswählen, verschiedene Bereiche unterschiedlich mähen.
- Terrassen aus Sandflächen, Holzpaneelen oder Steinplatten fühlen sich verschieden an und speichern Wärme unterschiedlich.
- Auch Sitzgelegenheiten im Garten laden zum Fühlparcours ein: Steinbank, Holztisch, Hängematte, Sitzsäcke.

Spüren ist ein weites Feld

Neben Farben sehen wir auch Formen und Strukturen, doch ebenso können wir diese fühlen. Wuchshöhen, Blattformen und -strukturen, die Beschaffenheit von Baumrinden, Dornen, Nesseln, die Kälte des Schnees, die Wärme eines Steins im Sonnenschein, Trockenheit, Nässe, für unseren Tastsinn gibt es draußen im Garten unendlich viel zu entdecken.

1001 Pflanzenformen zum Ertasten

Form ist dreidimensional. Sie ist eins der auffälligsten Merkmale einer Pflanze. Im Groben wie im Feinen. Jede Pflanze ist wie eine Skulptur, ein Kunstwerk der Natur. Ihre Gesamtsilhouette, ihre Blüten und ihre Früchte, das Wachstum formt sie zu jeder Jahreszeit neu und anders. Als Textur bezeichnet man ihre feine Oberflächenstruktur. Früchte, Fruchtstände, Blätter, Blüten, Rinde oder Borke, ihre Textur muss man ertasten, um sie wirklich begreifen zu können. Zudem fühlt sich dieselbe Pflanze zu unterschiedlichen Tages- oder Jahreszeiten unterschiedlich an. All dies zu entdecken, ohne Leistungsdruck, sich rein dem Erlebnis hinzugeben, hilft auch bei der Eigenwahrnehmung. Wie fühlt ES sich heute an, wie fühle ICH mich heute. Abschalten von aufgezwungenen Wahrnehmungen, Fokussierung auf selbst gewählte. Haptisch lassen sich die immensen natürlichen Unterschiede sehr gut beobachten: die interessanten Blattstrukturen der Farne neben feinen Gräsern oder einer zarten Schleierkraut-Blütenwolke, die schaftartigen Blätter einer

Iris neben den breitflächigen Blättern der Funkien oder den großen, mehrfingerigen eines Schaublattes, pelzig-weiche Wollziest-Blätter verglichen mit den derben wachsartigen, dicken Blättern von Sukkulenten. Bei den Trieben gibt es dünne, behaarte wie beim Mohn bis hin zu den verholzten und bedornten der Rose.

Auch Blüten überraschen mit der Vielfalt ihrer Oberflächen. Seidig weich sind die Blütenblätter von Kapuzinerkresse, Petunie oder Sonnenblume, überraschend hart und starr bei Rotem Sonnenhut oder Strohblumen.

Bei Bäumen lädt die Rinde zum fühlenden Entdecken ein: von schuppenartig über grob zerfurcht oder wie poliert glatt bis hin zu papieren abblätternd und zwischen den Fingern zerfallend.

Gestalten Sie den eigenen Garten mit verschiedenen Pflanzen zu einem Fühlerlebnis, dessen Besuch auch mit geschlossenen Augen stets aufs Neue lohnt.

Zum Greifen

Vertikale Gärten liegen im Trend. Sie kleiden die Städte in beruhigende vegetative Hüllen, verbessern das Mikroklima und sind ganz nebenbei ein idealer Augenberuhiger. Wer zwischen zwei Terminen an einer grünen Wand entlanggeht, sollte mit beiden Händen das Grün begreifen. Die Blätter sanft abtasten und die Strukturen auf sich wirken lassen. Ein einfaches Mittel, um Stressoren zurückzudrängen

Wellnessgarten

Sich selbst spüren im Grünen

Das Berühren der Natur und Bewegung in der Natur entstresst. Auf einem sportlichen Parcours oder beim eher meditativen Yoga, Tai-Chi oder Pilates kann man in natürlicher Umgebung Kraft tanken.

Mit Gartenarbeit zur Traumfigur

Gartenarbeit ist ein effektives Ganzkörpertraining, das auch gegen Speckpölsterchen hilft. Eine Frau verbrennt während einer Stunde Umgraben etwa 320 kcal. Eine Stunde Hecke schneiden mit der elektrischen Heckenschere lässt rund 220 kcal dahinschmelzen. Greift man zur Handschere, sind es sogar bis zu 290 kcal. Ein Mann verbrennt über 470 kcal, wenn er 60 Minuten Rasen mäht. Wer Lust auf Gartensport hat, aber keinen Garten besitzt, kann Freunde oder Nachbarn fragen, ob sie Hilfe bei der Gartenarbeit möchten. Oder man nimmt an Projekten wie »GreenGym« teil, wo lockere Gruppen öffentliche Grünanlagen pflegen.

Kraft schöpfen durch Bewegung

Jede Bewegung kann Entspannung sein. Der Eine will sich auspowern, die Andere fühlt in ihren Körper hinein, wie er sich in fließenden Bewegungen verändert, kräftiger und entspannter zugleich wird. In städtischen Grünanlagen begegnet man immer öfter Gruppen, die dort gemeinsam fernöstlichen Entspannungstechniken frönen. Denn das Grün der Natur unterstützt das Zur-Ruhe-Kommen und der Sauerstoff ist Super-Kraftstoff für alle Körperzellen. In den Siebzigerjahren waren es Trimm-dich-Pfade, welche die Menschen ins Grüne lockten, heute sind es Natur-Parcours oder »4 F circle«. Bei allen stehen der Spaß an der Bewegung und die Förderung von Koordination und Körperwahrnehmung im Vordergrund. Ein intensives Naturerlebnis ermöglichen diese Bewegungsangebote obendrein. Man kann seinen Körper stärken, sich erfrischen und den Geist zur Ruhe kommen lassen, fit werden, sich auspowern und Entspannung vom Alltag finden. Outdoor-Yoga, Qi-Gong im Freien, Pilates im Park, kaum eine Stadt, in der nicht Sportvereine, Fitnesscenter oder Volkshochschulen Stressgeplagten solche

Wellnessgruppen in Privatgärten oder städtischen Grünanlagen anbieten, in denen sie vom Alltag abschalten und neue Energie tanken können.

Gartenarbeit – nützlich und gesund

Gartenarbeit erdet nicht nur im wahrsten Sinne des Wortes, sondern auch emotional und physisch. Wissenschaftliche Untersuchungen belegen, dass bereits 20 Minuten Gartenarbeit wie ein kleiner Urlaub wirken, weil bereits in dieser kurzen Zeit wirksam Stresshormone abgebaut werden. Die Psyche genießt die Endorphine, die ausgeschüttet werden. Zudem kann der Körper durch den Aufenthalt im Tageslicht seinen Vorrat an Vitamin D für den Knochenaufbau auffüllen. Durch die körperliche Betätigung werden Herz-Kreislauf-System und Muskulatur gekräftigt und das Immunsystem gestärkt. Bringt man es gar auf eine knappe Stunde Gartenarbeit, wird die Produktion des »guten« HDL-Cholesterins kräftig angeregt. Doch das Schönste an der Gartenarbeit ist, dass das Ergebnis der Mühen sichtbar und erfahrbar wird – im Garten, aber auch an einem selbst: Körperwahrnehmung, Kondition und Konzentration wachsen mit jedem Handgriff im Garten. Grüne Fitness für Psyche und Physis.

Die Kneipp'schen Methoden

Die Natur kann Krankheiten vorbeugen oder Linderung bringen. Sebastian Kneipp empfahl kalte und warme Wassertherapien. Als Heilpflanzen setzte er heimische Kräuter ein, die er für besonders wirksam gegen Krankheiten hielt.

Kräuterkraft spüren

Neben den physischen Anwendungen wie aufsteigenden Güssen und Wickeln empfahl Sebastian Kneipp für das körperliche und seelische Wohlbefinden auch Tinkturen aus Gartengewächsen wie Rosmarin, Wacholderbeeren, Wegwarte oder Wermut, Teepflanzen wie Gänsefingerkraut, Holunder, Augentrost, Baldrian, Brennnessel, Schlehe, Hagebutten, Huflattich, Mistel, Spitzwegerich oder Tausendgüldenkraut und ihre ätherischen Öle. Johanniskraut beispielsweise öffnet um die Sommersonnenwende seine leuchtend gelben Blüten. Paracelsus lehrte schon im Mittelalter, dass es die wärmende Kraft der Sommersonne an depressive Gemüter abgeben kann, reibt man sich mit seinem Öl ein. Die Kamille ist ein wahrer Tausendsassa und die wohl beliebteste Heilpflanze für allerlei Beschwerden: entzündungshemmend und schmerzlindernd, von Kopf bis Fuß, innerlich und äußerlich, als Tee oder Creme. Eher ein Geheimtipp ist dagegen der Beinwell, obwohl schon sein Name verrät, dass er den Beinen guttut. Als Pflanze bevorzugt er eher feuchte Plätze und scheint seine violetten Blüten verstecken zu wollen. Eine aus seinen Wurzeln zubereitete Salbe kann bei Verletzungen des Bewegungsapparates hilfreich sein.

Einmal am Rande des Hains...

... stehn wir einsam beisammen
und sind festlich, wie Flammen fühlen: Alles ist Eins.

Halten uns fest umfaßt; werden im lauschenden Lande
durch die weichen Gewande wachsen wie Ast an Ast.

Wiegt ein erwachender Hauch die Dolden des Oleanders:
sieh, wir sind nicht mehr anders, und wir wiegen uns auch.

Meine Seele spürt, daß wir am Tore tasten.
Und sie fragt dich im Rasten: Hast Du mich hergeführt?

Und du lächelst darauf so herrlich und heiter
und: bald wandern wir weiter: Tore gehn auf.

Und wir sind nicht mehr zag, unser Weg wird kein Weh sein,
wird eine lange Allee sein aus dem vergangenen Tag.

Rainer Maria Rilke (1875–1926)

Tastend sehen, riechend schmecken

Kraft der Oberflächen

Als 1939 im englischen Exeter der erste Blindengarten eröffnet wurde, dauerte es noch eine Weile bis das Konzept der Fühl- und Riechgärten bis nach Deutschland kam. Im Bremer Knoops Park wurde erstmals ein Blindengarten eingerichtet, mit beispielhafter Struktur. Reliefkarten geben den haptischen Überblick über den Garten, alle Informationen sind in Braille-Schrift. Unterschiedliche Bodenbeläge, von Kies bis Rindenmulch führen durch die Anlage, die mit hochgelegten Beeten, Skulpturen zum Anfassen und besonders strukturierten Blattpflanzen ausgestattet ist. Wind- und Wasserspiele sorgen für die akustische Bereicherung. So genannte Erfahrungsfelder sprechen einzelne Sinne besonders an: Riechgärten sind mit stark duftenden Blumen oder Kräutern ausgestattet. Fühlgärten mit interessantem Materialmix.

»Der Besucher erfährt, wie das Auge sieht, das Ohr hört, die Nase riecht, die Haut fühlt, die Finger tasten, der Fuß (ver-)steht, die Hand (be-)greift, das Gehirn denkt, die Lunge atmet, das Blut pulst, der Körper schwingt. Die Wahrnehmung der Gesetze der eigenen Natur befähigt den Menschen, in den Erscheinungen der äußeren Natur die gleiche Gesetzlichkeit wahrzunehmen als auch zu wahren.« So der Künstler,

Wer nicht sehen kann, hat seine übrigen Sinne meist gut ausgeprägt, denn sie müssen viel Informationsarbeit übernehmen. Damit diese Sinne bei Kräften bleiben, dafür sorgt zum Beispiel ein Tastgarten.

Tischler und Pädagoge Hugo Kükelhaus, der sich Zeit seines Lebens für die »menschengemäße« Lebensumwelt stark machte. Der Erfinder des Kleinstkinderspielzeugs bekräftigt dadurch, wie wichtig eine positive All-Sinnes-Reizung ist.

Tastwunder Moos

Wer Moos fühlt, wird seine Haut vielfach stimulieren. Die weichen Triebe der wasserspeichernden Landpflanze ergeben durch ihre unterschiedliche Anordnung, mal rippig, mal in Reihen, mal büschelig, hoch- oder niederwachsend, eine jeweils andere Struktur. Die antibakteriellen Wirkstoffe, die in vielen Moosen enthalten sind, wirken sich wohltuend auf die Haut aus, zum Beispiel bei Hautreizungen.

Moose beinhalten eine Vielzahl von Terpenen, diese lagern hauptsächlich in den Ölkörpern der Moose und sind für den typischen Moosgeruch verantwortlich. Moose als Hygieneartikel sind seit der Steinzeit nachgewiesen: als Windeln und als Toilettenpapier. Gehtherapien auf moosigem Untergrund sind effektive Stresshemmer, denn die Nerven der Fußsohlen reagieren ganz besonders sensibel auf die plüschige Pflanze.

Kommunikationsgarten
Wege zu dir und mir

Gartenwege verbinden nicht nur zwei Punkte, sie müssen praktisch sein und optische Aufgaben. Kaum ein anderes Gestaltungselement ergänzt die Wirkung von Pflanzen so perfekt wie sie. Doch erst barfuß erspürt man diese variantenreiche Welt zu unseren Füßen so richtig.

Gartenerlebnisse teilen

Wege gliedern einen Garten in verschiedene Bereiche und verbinden Haus und Terrasse mit Rasenflächen und Beeten. Sie bringen Menschen und Natur im Garten zusammen. Je nach ihrer Gestaltung können Gartenwege auch ein sinnliches Erlebnis sein. Auf unebenen Wegen wird insbesondere der Gleichgewichtssinn stimuliert. Feines bis grobes Schüttgut oder Kies im Wechsel mit alten Bahnschwellen fordern ihn mehr heraus als Holzparkett oder Steinpflaster. Oder legen Sie bewusst einen kleinen Barfußpfad an, um Ihren Füßen eine Massage zu gönnen. Unterschiedliche Materialien folgen als Stationen aufeinander, z. B. weiches Sternmoos, Rindenmulch und Sand. Auch Töpfe und Pflanzgefäße haben eine nicht zu verachtende haptische Komponente. Und Zäune und Mauern fordern geradezu auf, mit den Händen darüberzustreichen. Ob Ziegelmauerwerk, Naturoder Bruchstein, Muschelmosaike, jedes Material hat eine ganz eigene Oberfläche. Holzpalettenstapel, deren Zwischenräume mit Moos, Holzwolle und Gras sowie verrottetem Holz und Röhren gefüllt werden, sind darüber hinaus besonders tierfreundlich, denn sie bieten Amphibien, Reptilien und Insekten ein Heim. Diese mit den Kindern zu beobachten, ist eine große Bereicherung.

Die Natur, Gärten, Parkanlagen haben vier Dimensionen – drei Raumdimensionen und die Zeit. Man kann spüren, wie sich die Natur je nach Wetter und Jahreszeit verändert. Denn Fühlen bedeutet auch, die Sonne,

den Wind und Regentropfen auf der Haut zu spüren. Umarmt man jedes Jahr denselben Baum, fühlt man, wie sein Umfang langsam zunimmt. Er altert und scheint von Jahr zu Jahr mehr Wärme in sich zu speichern und an den Umarmenden abzugeben. Zu zweit oder mit der Familie machen diese Erfahrungen noch mehr Freude.

Die Wärme der Gemeinschaft

Sich mit anderen zu treffen, bedeutet Nähe zu spüren und die Wärme des Miteinanders. Es gibt Kraft, zu wissen, dass man nicht alleine ist. Mit Familie oder Freunden gemeinsam Obst und Gemüse zu ziehen, schweißt zusammen. Nach getaner Arbeit die Erde von den Händen waschen, den Gartentisch decken, in netter Runde die Ernte verspeisen, ob auf einer Terrasse oder auf dem Balkon. Lagerfeuerromantik ist nicht überall möglich, aber auch Kerzen und Windlichter runden die Atmosphäre mit ihrem warmen Licht ab.

Die vier Elemente erleben

- Feuer – die Wärme einer Feuerstelle, die Kraft der Sonne genießen, versammeln am heißgeliebten Grill.
- Wasser – Morgentau unter den Füßen spüren, kaltes Brunnenwasser trinken, in den Gartenteich eintauchen.
- Erde – Sand durch die Finger rieseln lassen, lehmige Gartenerde kneten, zusammen einen Baum pflanzen.
- Luft – einen Herbstspaziergang unternehmen, den Wind in den Haaren und auf der Haut, sanft, wild, umwerfend.

Gartenarbeit – pure Haptik

Seit die Menschen sesshaft wurden, bearbeiten sie den Boden mit ihren Händen. Eine Handvoll Erde zu kneten oder durch die Finger rieseln zu lassen, sagt uns, mit welcher Bodenbeschaffenheit wir es zu tun haben. Mit Erfahrung kann man fühlen, was man dort erfolgreich anbauen kann.

Äußerst irdische Erfahrungen

Nicht jeder hat einen grünen Daumen, doch ein Garten, egal wie klein oder groß, kann trotzdem eine große und positive Wirkung haben. Denn Blumen, eine Wiese, Bäume und Sträucher sind äußerst heilsam für Körper und Geist. Bei der Gartenarbeit ist der Mensch in der Natur, kann säen und ernten, sein Umfeld selbst gestalten. Beim Unkrautzupfen könnte man über seine Symbolhaftigkeit nachdenken: Ich entscheide, was ich will. Arbeit im Freien hellt Stimmungen auf. Man fühlt den Sonnenschein und den Regen, Hitze und Kälte, man sieht den blauen Himmel oder Wolken. Alle Sinne werden aktiviert. Nebenbei verbessert sich auch die Fitness, denn die Arbeit wirkt positiv auch auf Herz und Kreislauf.

Gartenarbeit ist eine Arbeit mit den Naturelementen Wasser und Erde und bietet viele gewünschte – manchmal auch nicht gewünschte – taktile Erfahrungen. Lassen Sie ein Kind seine Hände in Sand, glatten Kieseln, Kastanien, Bucheckern, Moos oder einfachem Mutterboden »vergraben« und beobachten Sie sein Gesicht dabei. Ein Feuerwerk an Emotionen! Solch ein ausgesprochen sinnliches Erlebnis tut auch Erwachsenen gut.

Magische Momente

Wasser und große Steine haben eine magische Anziehungskraft. Wer sie sieht, bekommt Lust sie anzufassen, in sie einzutauchen oder sie zu

»erklimmen«. Besonders glatte Steine laden dazu ein, sie abzutasten. Wasser im Garten in Form eines Teich-Biotops macht einen sonnigen Nachmittag auf der Rasenliege daneben noch entspannter. In einem »Schwimmteich lässt sich das Wasser mit Ihrem ganzen Körper erkunden. Wasserflächen sind zudem Anlaufstelle für Tiere. Wer nachmittags ruhig in der Nähe seines Teiches sitzt, kann Libellen und Vögel beobachten. Was kann Stress besser abbauen, als nach getaner Arbeit die Ruhe und Schönheit eines Ortes so zu genießen.

Aktive und passive Momente

Die Kraft spendende Wirkung eines Gartens entfaltet sich sowohl über seine Wahrnehmung durch unsere Sinne, als auch durch Aktivitäten in der Natur selbst. Essentiell ist es, die persönlich richtige Balance zu finden zwischen Gartenarbeit und rein sinnlicher Wahrnehmung und »Nichtstun«. Die Kraftquelle Garten kommuniziert mit den Menschen und die Menschen in ihm.

Haptik

Ob Minigarten im Topf, ob
Präriegarten, immergrüner
Garten oder Selbstversor-
gerbeet – jeder Garten fühlt
sich anders an – für Haut
und Hände.

Literatur und Quellen zum Thema

Arvay, Clemens G.: Der Biophilia Effekt – Heilung aus dem Wald, Berlin, 2016.
Arvay, Clemens G.: Der Heilungscode der Natur, München 2016.

Augstein, Jakob: Die Tage des Gärtners, München, 2016.

Breckwoldt, Michael: Der Selbstversorger Balkon. Pflanzen – Standorte – Gefäße, München, 2012.

Brönnle, Stefan: Der Paradiesgarten, Saarbrücken, 2011.

Buchan, Ursula: Als die Gärtner Tweed trugen, Hildesheim, 2011.

Buchberger, Werner: Waldbaden – Kraft und Energie durch Bäume, Linz, 2017.

Busch, Marlis: Natürlich schön und gesund, München, 2011.

Cervinka, Renate, Dorit Haubenhofer, Hubert Schlieber et. al: Gesundheitsfördernde Wirkung von Gärten, Wien 2016.

Dirnberger, Claudia & Hans: Räuchern mit den Schätzen der Natur, München, 2015.

Frank, Sabine: Mein Garten ist mein Herz, Köln, 2011.

Hatt, Hans, Regine Dee: Das kleine Buch vom Riechen und Schmecken, München, 2012.

Hochschule für Agrar- und Umweltpädagogik Wien: www.agrarumweltpaedagogik.ac.at/hochschule/aktuelles/gartenstudie.html?

Hücking, Renate/Hielscher, Key: Oasen der Sehnsucht, München, 2004.

James, Matt: Mein City-Garten. Planen, pflanzen, gestalten, München, 2015.

Maletzke, Eslemarie: Grüne Fluchten, Frankfurt a. M., 2007.

Müller, Christa: Urban Gardening. Über die Rückkehr der Gärten in die Stadt, München, 2011.
Müller, Christa: Wurzeln schlagen in der Fremde. Die Internationalen Gärten und ihre Bedeutung für Integrationsprozesse, München, 2002.

Pape, Gabriele: Meine Philosophie lebendiger Gärten, München 2003.
Pape, Gabriele: Alles, was Sie schon immer übers Gärtnern wissen wollten, Köln 2017.

Pollan, Michael: Meine zweite Natur, Vom Glück ein Gärtner zu sein, München, 2015.

Pöppelmann, Christa: Hier wächst die Hoffnung, Hildesheim, 2012.

Reber, Sabine: Meine Gärten zum Glück, München, 2012.

Stigsdotter, Ulrika A.: A Garden at your Workplace May Reduce Stress. IN: Design & Health. International Academy for Design and Health. S. 147-157.
Stigsdotter, Ulrika A., Patrik Grahn: A Garden at your doorstep may reduce stress - Private gardens as restaurative Environment in the City. In: Open Space: People Space; an international Conference in inclusive Environment. S. 27.-29. Oktober 2004, Edinburgh.
Stigsdotter, Ulrika A., Patrick Grahn: What Makes a Garden a Healing Garden? American Horticultural Therapy Association. S. 60-69.

Stolz, Blanka (Hg.): Die Philosophie des Gärtnerns, Hamburg, 2017.

Wagener, Uta: Fühlen – Tasten – Begreifen. Berührung als Wahrnehmung und Kommunikation, Oldenburg, 2000.

Stichwortverzeichnis

Abenddämmerung 43
Abendduffer 76 f.
Abschalten 109
Akustik 46
Angstzustände 62
Arboretum 40, 46
Aromalampen 68
Aromatherapie 60
Ätherische Öle 61

Balkonbegrünung 31
Barfußpfad 118
Barockgarten 40
Bauerngarten 20, 84
Baumkronen 46
Beerenobst 90
Beete 118
Beeteinfassung 21
Berührung 10, 106
Bienenpflanze 69
Blattformen 108
Blattstrukturen 108
Blickziele 32
Blütenessenzen 62
Bodenbeschaffenheit 120
Burn-out 62

Chakren-Öle 69
Cottagegarten 20 f.

Dachgarten 52
Duft 62
-botschaften 60
-erinnerungen 60
-erlebnis 21
-familien 72
-pflanzen 68, 75
-richtungen 75
-signal 74
-stoffe 74
-sträucher 73
-teppich 77

Erntejahr 96

Farben 16
-spiel 31
Farbkombinationen 17
Farbtherapie 16
Fitness 120
Fokussierung 109
Fühlen 104

Fühlexperimente 104
Fünf-Elemente-Lehre 29
Futterstellen 42

Gartenarbeit 120
Gartenarchitekten 18
Gartendüfte 76
Gartengeschichte 8
Gartengestaltung 26
Gartenparty 96
Gartenstruktur 18
Gaumenfreuden 98
Gefühle 104
Gehör 38
Gemeinschaft 119
Gemeinschaftsgarten 13
Gemüse 87
Genesung 24
Genuss 96
Geräuschkulisse 52, 54
Geruch 60
Geruchserinnerungen 65
Geruchserkennung 60
Geruchserlebnis 65
Geschmackssinn 90
Gespräche 52
Gourmet 97
Gräser 46
Grillen 96
Grünflächen 108
Guerilla Gardening 97
Güsse 114

Haut 104
Hecken 33, 54
Heckenpflanzen 53
Heilkraft 84
Heilpflanzen 114
Hildegard von Bingen 18
Hören 46

Immerdufter 75
Indoor Farming 13
Insektenfreundliche Bepflanzung 20
Interkulturelle Gärten 97

Jahreszeiten 31 f.
-wechsel 10

Kare-sansui 29
Kiesfläche 28
Kiesgarten 19
Klangspiele 55
Kleingartenanlage 86
Klinikgarten 60
Klostergarten 10, 84
Kommunikation 30
Kraftquelle Grün 25
Kräuter 21
-duft 64
-heilkunde 84
Kübelpflanze 64

Landlust 86
Laubgehölze 32
Lustgarten 19

Massenpicknick 96
Meditativer Garten 19
Minzgarten 73
Mischkultur 20
Mondscheinbeet 76
Monochrome Pflanzungen 17
Morgenstunden 43
Mugifumi 106

Nacht 41
Nachtduftende Pflanzen 73
Nachtdufter 75 f.
Naschobst 90
Naturbelassenheit 10
Naturelemente 120
Naturgeräusche 48
Naturheilkunde 24
Naturmelodien 42
Natursteinmauern 64
Nüsse 90
Nutzgarten 18, 86
Nutzpflanzen 84

Oberflächen 108
-strukturen 108
Obst 87
Ökologisches Gärtnern 13
Optik 18

Paracelsus 114
Parkanlagen 26
Perspektiven 30
Pfarrer Kneipp 24
Pflanzenbilder 52
Pflanzendüfte 72
Pflanzenhormon 106
Pflanzenstreicheln 106
Pflanzensymbolik 24
Pflanzmuster 18
Phytoziden 60
Picknick 87, 96
Points de Vue 18
Provence-Garten 64

Rasenfläche 118
Räucherpflanzen 68
Raumdimensionen 118
Raumdüfte 62
Regeneration 24
Reihenhausgarten 32
Resilienz 26

Saisonale Küche 98
Schallschutz 54
Schlafstörungen 62
Schmerztherapie 62
Schokoladenduft 72
Schrebergarten 10, 86
Schwimmteich 121
Sebastian Kneipp 62
Seelenmassage 104
Selbst Gemachtes 98
Selbstanbau 86
Shinrin-Yoku 60
Sichtachsen 18
Sinnesorgan 104
Sitzgelegenheiten 108
Skandinavische Gärten 43
Skulpturen 18
Snack-Gemüse 91
Sommerblumen 17
Spaziergang 30
Spielplatz 30
Spüren 104
Standortdufter 75
Stauden 32
-beet 21
Stille 38

Stressabbau 106
Stressgespräch 53
Syringa-Schaugarten 72

Tageszeiten 43
Tasten 104
Tastsinn 104
Tee 70
-pflanzen 114
Teich-Biotop 121
Terpene 70
Terrasse 118
Textur 108
Tiergärten 40
Tinktur 114
Tischgespräch 96
Tomaten 91
Traditionelle Chinesische Medizin 25
Trockengärten 28

Umweltgeräusche 38
Unterschlupf 54
Upcycling 87
Urban Gardening 13, 86

Vertical Gardens 13
Vier Elemente 119

Wabi-Sabi 28
Wachstum 106
Waldluft 70
Wanderdufter 75
Wasserfläche 121
Wassertherapie 114
Wegbeläge 108
Wege 118
Wetter 41
Wickel 114
Wiesenblumen 13
Windspiel 55
Wuchshöhen 108

Zauberpflanze 24
Zen-Garten 19, 29
Zurück-zur-Natur-Bewegungen 13
Zwiebelpflanzen 32

Die Autoren

Maren Partzsch wurde im Alten Land bei Hamburg geboren und genießt es sehr, immer einen eigenen Garten ums Haus zu haben, egal wo dies im Laufe ihres Lebens stand. Seit über zwanzig Jahren inspiriert und entspannt sie ihre Wahlheimat Oberbayern, wo sie mit ihrer großen Familie, Hund, Katze, Bienen und Hühnern lebt. Maren Partzsch arbeitet als Literaturübersetzerin und ist Autorin der Bücher »Wie im Bauerngarten« und »Unser Wald«. Darüber hinaus schreibt sie regelmäßig Beiträge für unterschiedliche Garten-Zeitschriften.

Christine Paxmann ist Autorin, Grafikerin und Journalistin. Sie schreibt Romane und Sachbücher für Jugendliche und Erwachsene und gibt eine Fachzeitschrift für Kinderliteratur heraus. Sie lebt mit ihrer Familie in München und im Chiemgau.

Impressum

Bibliografische Information der Deutschen Nationalbibliothek

Die Deutsche Nationalbibliothek verzeichnet diese Publikation in der Deutschen Nationalbibliografie; detaillierte bibliografische Daten sind im Internet über http://dnb.d-nb.de abrufbar.

BLV Buchverlag
GmbH & Co. KG
80636 München

 www.facebook.com/blvVerlag

Bildnachweis:

Fotolia: Konstiantyn: 1; Maksim Shebeko: 2; Viktor Pravdica 4 (Mitte rechts); dresden: 4 (unten links); eyeQ: 4 (unten rechts); photo 5000: 14; Jeancuomo: 17; Photographee.eu: 19; dresden: 21; Fotolyse: 25; Jason Yoder: ; Erika: 30 (links); Linortis: 30 (Mitte links); Rawpixel.com: 30 (rechts); Pavlo Vakhrushev: 31; Eyetronic: 33; 7monarda: 35; eyeQ: 36; Kalle Kolodziej: 39; Oscity: 41; Hochfeld: 43; dresden: 44; Bildgigant: 47; Javier: 50; Seanlockephotography: 53; tina7si: 55; Eldorado Promotion: 56 (Mitte links); 56 (unten links); white78: 56 (Mitte rechts); Protoiyerey Tarasiy M: 56 (unten rechts); Jpldesigns: 57; Rootstocks: 58; Konstiantyn: 61; Christine Kuchem: 63; Anna-Mari West: 65; Ingo Bartussek: 66; TwilightArtPictures: 69; Petrabarz: 72; Pefkos: 74 (Mitte links); Tachinskamarina: 74 (rechts); Tinadefortunata: 74 (links); EDEN: 75; Anterovium: 77; Pefkos: 78 (oben, unten rechts, Mitte links); Ruito Ohgami: 78 (Mitte rechts); Tatiana Belova: 78 (unten links); Christian Müller: 79; Rawpixel.com: 80; Viktor Pravdica: 83; Hochfeld: 85, 86; Progarten: 88; Cinana: 91; Xiquence: 94; Aliaksandr Marko: 96 (links); Annebe: 96 (rechts); Mihailsemenov: 96 (Mitte links); Annebe: 97; J.Mühlbauer exclus.: 99; Cinana: 100 (unten rechts); Karepa: 100 (oben); Monkey Business 100 (Mitte rechts); Nick Kypriadis: 100 (Mitte links); Nito: 100 (unten links); Shaiith:101; Rawpixel.com: 102; iMarzi: 105; visivasnc: 107; oxie99: 109; kikujungboy: 110; Rawpixel.com: 113; Barbara Helgason: 119; Rosalie P.: 121

Paxmann: 4 (oben rechts) 9, 11, 22, 34 (Mitte links), 34 (unten links), 116, 118 (alle), 122 (alle), 123

Living4media: 6

Wikimedia: Susie: 4 (Mitte links); Burkhard Mücke: 12 (oben links); FlorianFuchs: 12 (oben rechts); acabashi: 12 (Mitte rechts); 12 (Mitte links); Diego Delso: 12 (unten links); Chris73: 12 (unten rechts); Hajotthu: 34 (oben rechts); Javier martin: 34 (Mitte rechts); 34 (unten rechts); Susie: 52 (links); Guilhem Vellut: 52 (Mitte); 52 (rechts); çhristianFischer: 56 (oben rechts)

Umschlagkonzeption und -gestaltung: BLV-Verlag Umschlagfotos: Vorderseite: Fotolia; Klappe hinten: Paxmann oben und Mitte; Bildgigant Mitte, Fotolia Rawpixel.com unten – Klappe vorne: Fotolia Rawpixel.com oben, Wikimedia: acabashi Oben Mitte, Florian Fuchs unten, Fotolia Pavlo Vakhrushev Mitte unten Hintergrund Klappen und Rückseite: Fotolia Herstellung: Hermann Maxant
Layoutkonzept Innenteil: Christine Paxmann text • konzept • grafik, München
Layout/DTP: Christine Paxmann text • konzept • grafik, München

Gedruckt auf chlorfrei gebleichtem Papier

Printed in Germany
ISBN 978-3-8354-1774-5

Hinweis

Das vorliegende Buch wurde sorgfältig erarbeitet. Dennoch erfolgen alle Angaben ohne Gewähr. Weder Autoren noch Verlag können für eventuelle Nachteile oder Schäden, die aus den im Buch vorgestellten Informationen resultieren, eine Haftung übernehmen.

BLV im WEB

In unserem Webshop warten weit über 500 lieferbare Titel zu den Themen Garten, Natur, Sport, Fitness, Kreativ und Kochen auf Sie.

Surfen Sie doch mal vorbei und bestellen Sie **versandkostenfrei.**

Versandkostenfrei bestellen: www.blv.de

blv